꿈꾸는 강江

꿈꾸는 강江

소동호 지음

좋은수필사

책머리에

꿈꾸는 강 언덕엔

물길 따라 사람이 모여들고, 그 물길 벅차게 흘러내리면 큰 도읍都邑 이루어 대역사 만들어낸다. 전주천의 역사가 바로 전주의 역사이니, 그 유구한 물길은 파란 많은 영욕과 부침의 세월을 보듬어 안은 채, 우리네들 내일의 꿈을 실어 흘러가고 있다. 여기에 내가 하려는 이야기는 맛의 고장 이야기도 아닌, 전통거리도 아닌, 영화의 거리도 아닌, 그런 저런 이야기도 아니며, 그렇다고 기막힌 이야기도 아닌, 단지 우리보다 한 시대를 앞서 살아왔고, 그 흔적들을 유산으로 물려준 사람들의 생활의 역사로 1920년대에서 193~40년대에 걸쳐 이 고장 한 시대의 뒤안길에서 빚어진 이야기들이다. 어제의 이야기를 내일의 꿈으로 다듬어, 후대에 전해주고 싶을 뿐이다.

흔히 전주하면 맛, 음식을 이야기하지만, 필자의 생각엔, 한국의 맛을 대표하는 건 뭐라 해도 역시 서울의 음식 맛이다. 특히 한정식의 원류는 서울 사대부가의 맛이기 때문이다. 우리나라 영화예

술 역시 서울, 부산, 인천, 대구 등이 더 유서가 깊다. 간단히 말해 사람 많이 사는 곳에 이야기도 풍성한 까닭이다. 부채[扇] 역시 시작이 따로 없다고 본다. 무더운 여름 부치는 부채가 고장이 따로 있는 건 아니다. 다른 고장에도 다 있었기 때문이다. 판소리도 진주晉州, 함양, 보성, 벌교에도 있고, 아리랑은 정선, 진도, 밀양 강원도에 일찍이 있었다. 오로지 전주만이 별난 건 아니다. 우리 대한민국이 모두 예향이다. 오로지 내 고장이라는 데에 애착이 클 뿐이다.

전주 이야기라 하였지만, 비단 전주에 국한한 건 아니다. 모든 생활사의 관계가 서로 실타래같이 얼키어 있듯이, 이 이야기 또한 전주의 이야기라 하여도, 다른 지역과도 연관이 된다. 다만 현재의 눈으로는 확인하기 어려운 사실들이 있어 그저 그 시대 속으로 들어가 보고 싶을 따름이다.

2010년 3월 새봄에 편월(片月) 씀

광주사람은 광주가 예향이라고 한다

【卷頭詩】

꿈꾸는 강

벅차게 토해내던
태고의 강이

못난 후손 펌프질로
다 퍼 올리고

남은 거란 흙, 모래
초개草芥 덩어리

사이를 비집고
한 줄기 실오라기
흘러가더니

이제는 긴 잠 깨어
기지개 펴네.

꿈 이야기라도 하려는가

새 생명 물줄기로
흘러내리네.

청 비단 감돌아
굽이는 물은
대자연의 숨소리 되려네.

이제는 꿈길에서
옛이야기 하려 하네.

【序詩】

한벽루寒碧樓

지난 세월
잊은 것이
십 년 이십 년

그 만개한 벚꽃길
지금은 간곳없네.

어머니 따라
빨래터 찾아온 것이
몇 번이던가.

지금은
무심한 냇바람만
불어오고

옛 선비
음풍영월吟諷咏月
읊조린 자리

지금은 어디쯤인가.

한벽루 1930년대

한벽루 벚꽃 1938년 촬영

목차

책머리에 / 꿈꾸는 강 언덕엔

卷頭詩 / 꿈꾸는 강

序詩 / 한벽루

1. 전주약사全州略史

간추린 전주의 역사…19

2. 전주천을 따라서

시 / 전주천은 흐른다…26

1) 돌싸움…28

2) 전주의 여러 가지 풍속…29

시 / 단오절…33

3) 전주천의 살아있는 역사…35

3. 요릿집과 선술집 이야기

1) 청풍관과 그 주변…46
2) 선술집 이야기…51

4. 전주의 동네 이야기

1) 백정白丁 부락민 마을 완산동과 서학동…58
2) 그림 같은 화산동 산자락의 선교사 양옥…59
3) 물왕멀(무랑멀) 이야기…60

5. 극장(영화관)이야기

1) 극장(영화관)에 얽힌 이야기…64
2) 부민관과 우미관 이야기…70
3) 국극단 이야기…73
4) 마술사 이야기…76
5) 서커스(곡예단), 만시바이漫芝居い 굿…79

6. 중앙동과 동광미술학원

1) 중앙동에 얽힌 이야기…84
2) 동광미술학원 이야기…88

7. 학교이야기

학교에 얽힌 이야기…92

1) 초등학교…93

(1) 전주초등학교…93

(2) 완산초등학교…98

(3) 일본인 전용초등학교 인 전주국민학교와 사립 해성심상 소학교…99

2) 중학교…101

(1) 신흥학교와 기전여학교…101

(2) 공립중학교…105

3) 전주의 공립초등학교…112

(1) 공립 한국인 초등학교…113

(2) 중립 일본일 초등학교…113

(3) 사립초등학교 한국인 학교1교…113

4) 사범학교…113

8. 전매청 과 종방鐘紡 이야기

1) 전주전매국의 출범…116

2) 일제강점기 전주전매국…117

3) 종방 이야기 鍾淵紡績(株)…119

9. 남문거리와 전주 장날 이야기

1) 남문거리 이야기…130

2) 전주 장날 이야기…131

10. 전주신사全州神社와 유곽遊廓이야기

1) 전주신사 이야기…134

2) 유곽 이야기…135

11. 깡패 이야기

1) 전주 깡패 이야기…142

2) 호남파의 서울 집중…151

후기

1. 전주약사全州略史

1930년대 전주시가 모습

1) 간추린 전주의 역사

왜 사람이 자기중심적인지 몰라도, 전주만이 아니라 전통 도시 아닌 곳 없고, 예향 예도藝都 아닌 곳이 없는데도 자기가 사는 곳만이 오직 특별하며, 유일한 문화 전통의 고장이라 힘주어 말한다. 우리나라 사람 모두 다 전통 음식에 밥 먹고 사는 국민인데도 말이다. 이것이 확대되니 한국이 세계 제일의 문화국인가, 과연 전통의 나라인가? 이렇게 물어볼 때, 꼭 그렇다고 말하기도 좀 민망하다. 더욱이 상대방으로부터 대답까지 강제로 얻어내려 하는 경우도 있다. "너희 그랬지 않으냐." 하면 "예, 그렇고 말고요." 하며 우리가 너희에게 주고 베풀었으니 그런 줄 "알아라." 하는 것이다. 역사가 있는 나라는 다 문화가 있는 것이다. 우리나라만 역사가 있는 것은 아니다.

전주는 상고시대에는 특기할 만한 것이 없다. 서기 600년경부터 즉, 후백제의 수도가 된 때부터 그 이름이 등장한다. 고려시대에는 서기 940년 안남도호부, 980년에는 승화, 1005년에 전주라 하고, 고부, 정읍, 금구, 완주, 동편의 진안, 용담, 금산을 둘러친 전주목이 되었다.

이에 앞서 견훤시대에 고덕산성, 남고산성, 동고산성이 축조되고 견훤궁은 남노송동과 중노송동 지금의 전주고등학교와 동초등학교 일대에 건축하였다 한다. 성문은 동고산 남고산에 있고 동고산 즉, 지금의 승암산 일대는 중요한 수비성이 되었다고 말한다. 그리고 고려시대 몽고침입 여섯 차례, 왜구의 수시 출몰로 일상생활은 피폐하였고, 그 이후도 조선조에 이르러 왜란과 동학의 소용돌이 속에서 살아왔다.

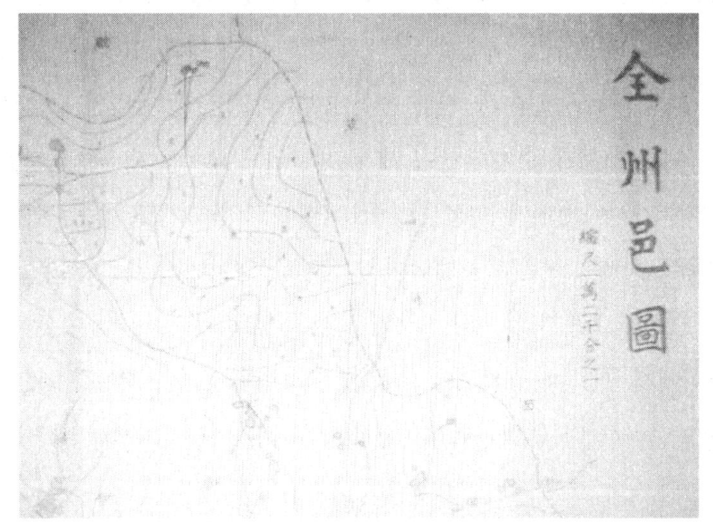

전주가 빛을 발한 것은 조선조 이태조의 선계인 한翰공으로부터 18대 목조穆祖에 이르기까지 전주에 살았다는 점이다. 전주에 서구식 제도와 근대 문물이 수입된 것은 1895년 갑오경장 이후이다. 1895년에 전주부全州府가 되어 전국 13도 23부의 하나로 관찰사(감영) 소재지가 된 것이다.

이와 같이 전주 부府가 되기 전에는 전주면이었다가 전주 읍邑이 되었다.

그리고, 전주가 급속히 도시화한 것은 한일합방이 되는 1905년부터 1910년 사이이다. 1907년 전주군에는 동, 서, 남, 북의 4개면이 있고, 1914년 이를 통폐합하여 대형의 전주면을 두었다. 최초의 전주면 행정구역은 서부면 방향에 대정정(大正町 1∼3 정목), 동부면에 대정정 4∼7정목, 남 서부면에 본정(本町 1∼3정목), 북남부면에 본정 4정목과 다가정, 팔달정, 청수정을 두었다. 그리고 동 남 북의 사이사이를 풍남정, 대화정, 화원정, 고사정, 완산정, 서정으로 구분하였고, 외곽 3리 내에 상생정, 노송정을 두고, 또 그 후에 이동면 이서면 난전면 등에 소화정, 검암정, 인후정, 서신정, 중산정, 덕진정을 말기에 획정劃定하였다.

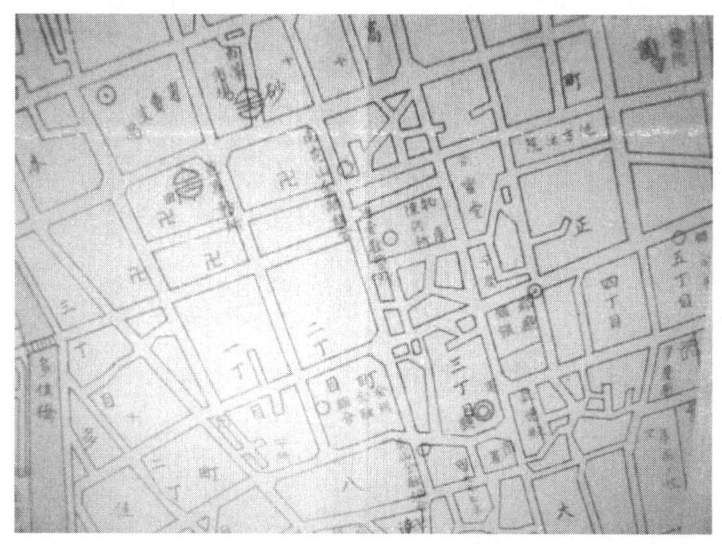

일제말기의 전주시가[府中] 지도

대정정

본정

남문과 초가(청수정)

본정통(남문-다가동)

2. 전주천을 따라서

전주천은 흐른다

50년대
가난한
시골 아낙
유방처럼 밭아버린
전주천

오물이
뒷간처럼 쌓이던
황갈천荒渴川이

어느 사이
생명줄이 흐른다.

공기도
청량하게 새 숨을 쉰다.

어찌 알고
나왔는고
산책 인파
많기도 하다.

이제는
버드나무
휘늘어진 가지로
물살 젓는
정취만 살아나면

전주의 옥류천 되리.

1) 돌싸움

전주에서 돌싸움이 있었다. 해마다 정월대보름날 밤이면 매곡교 부근 소전(혹은 염전) 강변에서는 석전이 벌어졌다. 석전이란 돌싸움을 말한다. 돌팔매질로 돌을 던져서 상대방을 다치게 하는 놀이이다. 남박장, 초록바위, 교동, 서학동, 완산동에 사는 청소년들이 모여 흔히 군자정패 초록바위패 하면서 서로 패를 갈라 돌싸움을 벌이는 것이었다. 매곡교 근처의 강변은 인가도 드물고, 자갈이 많아서 석전하기로는 제일이었다고 한다.

"석전을 하려면 사전에 준비가 필요한 거여. 우선 두툼하게 옷을 껴입어야 허지. 날아온 돌을 맞아도 다치지 않아야 하니까 말이여. 또 얼굴에다가는 밥덮개(멍덕)에다 솜을 두툼하게 넣어서 그것을 쓰는 거여. 그러고서는 여기저기 흩어져 있는 돌을 한군데로 모아. 그래야 돌을 던지기가 쉽지. 그렇게 준비를 하고 있다가 기린봉 위에 보름달이 떠오르면 그것을 신호로 석전은 시작되는 거여." 라고 박병연 옹은 술회한다.

"그리고 돌싸움은 처음에는 아이들이 시작하지만 나중에는 청년들도 합세하는 거여. 그날의 석전은 보름달이 중천에 오를 때쯤 어느 편인가 한쪽이 무너져. 그러면 끝나는 거지. 돌싸움이 끝나고 나면 머리 터진 놈, 얼굴 깨진 놈, 어깨 다친 놈 부상자들이 많아. 지금 생각하면 어쩌자고 그런 무서운 장난을 했는지 잘 모르겠어.

허나 생각해 보면 적의 침략을 많이 받은 우리인지라 언젠가 적이 쳐들어 올 때를 대비해서 젊은이들에게 담력을 키워주는 데에 뜻이 있을 것이여. 그렇지만 석전은 놀음치고는 너무 위험하다고 해서 1920년부터 관에서 금지시켰어."[1)]

다리 밟기 풍습

또한 "정월대보름날 밤이면 전주의 서천교, 남천교 다리에서는 어른, 아이들, 부녀자들이 나와 다리를 밟는 풍습이 있었어. 자기 나이만큼 다리를 밟으면 1년간 무병장수한대여. 또 큰다리와 큰다리 사이에는 돌다리가 있었지. 돌다리도 밟으면 건강에 좋다고 해서 이편에서 저편으로 저편에서 이편으로 왔다갔다하면서 많이들 밟았어. 그러니 걷는 게 건강에 좋다는 것을 우리 선조들은 일찍부터 알았던 것이여. 좀처럼 외출을 못하던 처녀들도 보름날 밤만은 다리를 밟으러 나오는 거여. 그래서 이날 밤은 동네 총각들이 설레는 거여. 이런 다리밟기는 나무다리가 콘크리트 다리로 변하면서 서서히 줄어들었어."[2)] 라고 유정수 씨는 술회한다.

2) 전주의 여러 가지 풍속

(1) 연날리기 풍속

---

1) 박병연(朴炳連, 1915년생) 전 전주 기령당, 천양정 사장 구술 술회 김명신 채록 인용.

2) 유정수(柳丁洙, 1923생 농업) 씨 술회 이정수 씨 채록 인용.

연날리기에 대하여 "해마다 연날리기는 동짓달에서 섣달 지나 정월대보름까지만 허는 거여. 우리가 어렸을 때 어른들은 정월보름이 지나도 연을 날리면 용천백이가 된다고 했어. 어릴 때는 그 말을 철석같이 믿고 정월보름날이 지나면 연날리기를 안했어. 정월대보름날이면 기린봉이나 전주천변에는 연을 띄워 보낼 아이들이 모여들어. 아직 겨울바람이어서 바람은 세지. 아이들은 연실을 길게 늘어뜨리고 그해 마지막 연날리기를 하는 거여. 나중에는 실을 풀어 허공에 연을 띄우는 거지. 내가 띄운 연이 모든 액을 싣고 멀리멀리 강남까지 가기를 빌면서."[3] 이화순 씨는 이렇게 말하였다. 연은 방패연, 가오리연, 대문연 등 크고 작은 것들이 색색으로 꼬리를 달고 올라가는데 손으로 잡고만 있으면 연자새의 실타래가 저절로 솔솔 풀려 나갔다. 감을 때 상당히 힘을 주어야 한다.

(2) 단오의 특별한 풍습

전주의 단오절 풍습은 여느 단오 행사보다도 특별하였다. "단오 하면 전주 덕진이여. 단옷날 덕진 연못에 가서 멱감고 머리감으면 그해는 무병장수래여. 무엇보다도 가려운 병, 눈병, 머리 아픈 병, 어깨 절리는 병에 특효지. 왜냐면 덕진연못 물은 연꽃나무 뿌리가 울어 나온 물이라느만. 단옷날이면 덕진연못 서쪽 끄트머리 제방 아래서 웃통 벗고 멱 감고 긴 머리채 감았는데, 그 일대는 아낙네들로 장사진을 쳤지. 단옷날만은 옷 벗고 멱 감으면서도 부끄러운

---

3) 이화순(李華順, 1926생 주부)씨 술회 이정수씨 채록 인용.

줄도 몰랐어. 또 한쪽에서는 난장판이 벌어져 사람들이 구름같이 모여 들어." 이렇게 박병연 옹은 술회하였다.

전주의 이와 같은 단오절 행사는 지금 전주 시민의 날이 바뀌어지기까지 줄곧 이어져온 유서 깊은 전통이다. 모처럼 부녀자들이 자유롭게 밖에서 윗옷을 벗고 반목욕을 할 수 있으며, 나들이의 즐거움을 체험할 수 있기 때문이다.

우리나라 단오의 역사가 삼국시대부터 수릿날이라 하여 있었으니, 그 전통을 이 고장 전주에서 지켜 온 셈이다. 그리고 역사적으로는 이날 즐겁게 남녀가 나들이할 수 있었기 때문에 예전에 남녀칠세부동석男女七歲不同席이니, 내외법內外法이니 하는 것이 이날은 무너지고 자유롭게 남녀가 요즘말의 데이트를 즐겼다.

덕진연못 수구의 단옷날 풍경(일제강점기)
모두가 흰 옷을 입었다.

단오절端午節

나의 사모곡思母曲은
오월 단오에 시작된다.

이날은
창포물에 머리 감고

덕진[4] 연못 수구에서
흐르는 물 받아
목욕해야 한다고
야단들인데

시청에선 시민의 날
지정해 놓고
거리잔치도 벌였었는데

4) 전주시의 북쪽 방향 전북대 근처의 지명.

그보다
더 기쁜 것은
어머니 탄생하신 날

자식의 도리
이르지 못하여
타계하신 후에도
이날만은 영영 못 잊겠네.

3) 전주천의 살아있는 역사

(1) 전주천사全州川史

전주에서 전주천 역사는 전주사람들의 역사 생활사와 같다. 임실군 관촌면 슬치에서 시작한 물길이 상관 계곡을 굽이 감돌아 흘러서 좁은목을 벗어나 굽이굽이 굽도리를 물살로 치면서 흘러 큰내를 이루며 발리산 아래 한벽당 바위 앞에 멈추었다가 방향을 바꾸어 다시 서쪽으로 흘러가는 것이다. 옛날에 한벽당에는 옥류동천이라는 샘이 있었다고 전하여진다. 그래서 더운 여름날이면 사람들은 이곳 옥류동천 샘을 찾아와 더위를 식혔다. 전주천은 한벽당에서 다가교까지를 남천이라고 하고, 다가교부터는 서천이라 불렀다. 남천을 가운데로 남쪽이 반석리(지금의 서학동)이며, 이 근방은 옛날에는 자갈밭 천변부지였다. 그래서 반석리란 이름이 붙었고, 일제강점기에는 서정이라 불렀다.

남천에서 북쪽은 청수정(지금의 교동)이다. 전주천 물이 맑아서 동네 이름도 청수정이라 한 것일까. 한벽당에서 내를 따라 서쪽으로 내려가면, 첫 번째 다리가 남천교이다. 이 남천교는 나무다리로 조선조 영조대에 나무다리가 무너졌는데 그로부터 40여 년 뒤에서야 석교를 놓았다. 그런데 석교 다섯 칸 모양이 무지개 같았고 또, 다리에는 다섯 칸의 창이 있어서 안경다리라고 불렀다. 다리 위로는 다섯 마리의 용이 하늘을 바라보고 있었다고 전하여지고, 이곳 남천교 아래 물가에서는 사마교(다가교) 아래 물가와 같이 인근 동네 아낙네들이 모여서 빨래하는 광경이 너무 좋아서 남천표모라 하여 전주 10경 중에 하나로 꼽았다.

전주천은 사실상 만경강의 상 상류를 타고 흘러들어와 전주에서 고산천을 합류시키고 상 중류를 만들어내어 삼례 대장촌을 거쳐 익산과 김제의 경계인 목천포로 흘러 서해바다로 빠진다. 필자가 어렸을 적에도 서해 썰물 때에는 대장촌에 바닷물이 들어와 여름에 모래찜질이며 담수와 해수가 섞인 물로 목욕을 하였다. 여러 정황으로 보아 서해의 조수가 밀물 때에는 전주에까지 올라왔다. 그 예로 덕진德津이 전주 시내에 있는 지역인데 이 진津이란 포浦와 더불어 배를 타는 곳 나루터, 즉 크게는 항구이다. 전주시 중앙동, 고사동 중심가의 굴착 공사 시에 건물 지하에서 조개껍데기며 바닷모래 흔적이 있었던 것도 사실이다. 물론 시대를 더 거슬러올라가서 견훤의 후백제시대에는 전주 시내가 온통 바닷물이고, 금암동 현 KBS 자리 아래쪽에 나루터가 있었고, 물왕멀 전주고 뒷산 아래 이처럼 지대가 높은 곳이 나루터였다 하니 그럴 듯하다.

(2) 초록바위 이야기

초록바위에 대하여는 전설도 많다 매곡교의 매곡이란 그 옛 적에 완산동을 맷골이라 불렀는데, 매가 사는 골짜기, 혹은 산골짜기의 뜻으로 전부터 그 지명에서 유래했다는 말도 있고, 또 동학혁명 때에 동학군들이 완산동에 집결해서 한동안 살았는데 그때 동학군들이 완산동에 매화꽃을 많이 심어서 그 연유로 매곡이란 말이 생겼다는 말도 있다. 또 매곡교 너머 전주천 천변에는 나무시장이 있었다. 구이면 쪽에서 나무꾼들이 매곡교를 중심하여 나무전을 벌였고, 서천교 길목에는 책방들이 몇 군데 있었다. 1920년 이전까지만 해도 해마다 정월대보름날 밤이면 매곡교를 가운데 두고 남밖장, 초록바위, 교동, 서학동, 완산동 등에 사는 아이들이 군자정패니 초록바위패니 하면서 서로 패를 갈라 석전을 벌였고, 서로들 힘자랑을 하다가 싸움이 일어나기 일쑤여서 전주의 쌈터로 통했다. 해방 후까지도 싸움 패거리가 이곳에 모였는데, 사범학교, 신흥학교, 공업학교 학생들의 하숙집에서 가까운 탓에 이곳에 모여 힘자랑 싸움들을 하였다. 또 이 부근에 시외버스 터미널이 전주 최초로 이곳에 생기게 되어 불량배들과, 구두닦이, 신문팔이, 쓰리꾼(옛날 남의 물건 훔치는 날치기 들치기, 소매치기 등)들이 있었다. 따라서 자연스레 배차장패라는 조직이 만들어졌다. 당시 만복이라 부르는 20세쯤의 청년이 왕초 노릇을 하고 있었고, 이영기, 김모들이 조직을 만들어 소위 나와바리(구역)를 쳤다.

옛적에는 전주천의 강폭이 좁았을 뿐 아니라, 제방도 제대로 안 되어 초록바위 끝이 전주천 가운데까지 와 있었다고 한다.

그런가 하면 초록바위 근처에는 애절한 사연도 많았다. 조선조 고종 때에 당시 15세쯤이던 소년 남명희라는 아이와 홍복주라는 사람의 아들, 이 두 소년은 천주교 신자인데 프랑스 세력과 내통한다하여 관가에서 잡아갔고, 관가에서는 두 소년에게 죄를 용서해 주는 조건으로 천주님을 믿지 말라고 종용했지만, 두 소년은 끝까지 천주님을 믿겠다고 하였다 한다. 관가에서는 두 소년을 초록바위에서 전주천으로 데려가 초록바위에서 밀어뜨려 물에 빠져죽게 하였다. 또 서천교에서도 조선조 고종 무렵에 완주군 소양면 화심리에 살던 천주교 신자 조윤호라는 소년이 있었는데, 그 역시 남명희, 홍복주의 아들과 같은 죄목으로 관가에서 잡아다가 천주님을 믿지 말 것을 종용하였으나. 조윤호 소년 역시 끝까지 천주님을 배반할 수가 없다고 하였다 한다. 그러자 관가에서는 어쩔 수 없이 조윤호 소년을 서천교 아래서 태형 2백 대를 때려 죽이려 했지만, 죽지 않자 조윤호 목에 밧줄을 걸고 걸인들로 하여금 밧줄을 잡아당기게 해서 죽였다는 것이다. 초록바위 근처 냇가는 옛날에 죄수들을 잡아다가 사형을 시키는 형장이었다. 지금 초록바위 앞과 서천교 옆에는 순교비가 서 있다. 옛날에는 낮에도 초록바위나 서천교 옆을 지나가려면 무서운 마음이 들었다고 한다

(3) 완산교 이야기

완산교(소금다리, 염전교)의 유래도 깊다. 매곡교를 지나 더 내려가면 서천교이다. 서천교는 1930년대 대홍수로 유실이 되었다. 서천교는 흙과 나무로 쌓아 만든 다리였으니 비가 오고 장마 때면 항상 떠내려갔다. 유실되고서도 50여 년이 지나서 60년대 후반에야 콘크리트 다리가 놓여졌다. 서천교를 지나면 염전교(완산교)다. 염전교란 말은 다리 근처에 소금 장수들이 많이 있었기 때문이다. 옛날에는 한벽당과 완산다리 아래 근처 냇물은 여름밤이면 자

연 호수가 되어 목욕탕으로 변했다. 남녀노소 할 것 없이 여름이면 피서를 즐기려 모이고 특히 밤 목욕은 그때 유일하게 여자들의 옷 벗은 모습을 은근슬쩍 구경할 수가 있어 젊은이들이 많이 모이는 곳이었다. 특히 달이 밝은 밤이면 달빛에 비친 수많은 여인네들 모습이 얼마나 예뻤던지, 한 폭의 그림을 보는 듯하였다 한다. 남녀가 알몸 상태로 한 타령이 되어 같은 물속에서 목욕하면서 비누쯤은 서로 빌려 썼고, 물도 맑았으려니와 큰돌들이 많아서 돌 위에 앉아서 목욕하기가 좋았다.

완산교는 전주천 다리 중에서 맨 처음으로 만든 철근 콘크리트 다리였다. 완산교를 지나면 사마교(다가교)이다. 사마교는 조선시대 유생들이 사직단, 희현당, 화산서원 그리고 생원이나 진사시험 볼 서생들이 서원 넘어 학교를 다니면서 전주부성의 서문을 빠져나와 건너던 다리였다. 그리고 사마교란 이름은 신흥학교 자리에 있던 사마재에서 생겼다. 사마교도 본래엔 나무다리였는데 1920년 홍수로 떠내려가고 이듬해 사마교 자리에서 위쪽으로 자리를 옮겨서 콘크리트 교각을 세우고 상판만 목조로 새 다리를 놓았는데 다리 이름이 대궁교였다. 대궁이란 다가산에 있는 신사를 뜻한 것이다. 대궁교를 만들 때에 전주 갑부 박기순이 1만 원을 기부했다는 말도 전한다.

그러니 사마교가 전주사람들의 혼이 깃들어 있다면, 대궁교는 일본사람들의 혼이 깃들어 있다고나 할까. 옛날에는 다가교 아래에도 빨래터가 있어서 아낙네들이 이곳에 나와서 빨래를 했다. 그

빨래하는 모습이 이채롭고 너무 좋아서 남천교 근처 빨래터와 같이 전주 10경 중의 하나가 되었다. 다가교를 뒤로 하고 아래로 더 내려가면 도토리골이라고 부른다.

(4) 도토리골 이야기

도토리골은 돛대골이라고도 불렀는데, 옛적에는 5~6세대가 살던 작은 동네였다. 그리고 도토리골 아래쪽에 어은골이 있다. 어은골이란 이름에는 벼슬 못한 선비들이 숨어 살던 곳이라는 뜻이 있다고도 하고, 고기가 숨어 사는 곳이라는 뜻도 있다고 전한다. 일제강점기에는 도토리골과 어은골 사이 산자락에 유곽에 다니는 일본인 작부들이 살았다. 그러니까 도토리골에서 전주천 건너가 바로 유곽이다. 그런데 도토리골에서 유곽을 갈려면 전주천을 건너기 위해서 나룻배를 탔다. 이곳이 나루터로 요즘으로 치면, 조경사업이 이루어지고, 다가산 천양정 아래엔 신사가 자리 잡고 있고 물 건너엔 다가정 유곽이 있어 유원지가 조성되었다. 일제강점기 말기엔 전주에서 제일 번듯한 유원지로 다가교 아래 유유히 흐르는 물 위에 보트를 띄웠다. 소위 야구라라고 하는 일본식 구조의 집배를 만들어 화관으로 장식하고 유곽의 기녀와 뱃놀이 하는 것이 전주부중에서 일류 모던들이 벌이는 풍류놀음이었다.

(5) 전주의 대홍수

전주천은 과거부터 수차례에 걸쳐 제방 수축공사와 개축공사를 계속하였다. 원래 전주천이 전주시 전체를 싸잡아 도는 물길이라 모래 자갈이 질펀한 한내였다. 그러던 것이 여러 번 보수공사를 하고, 그러다가 1936년에 전주에 역사적인 대홍수가 났다. 당시는 보수하였다 하더라도 제방이 부실하여, 물길을 잡지 못하고 전주천을 휩쓸어 인근 완산동과 서학동 그리고 교동과 다가동 일대가 물속에 잠겼다. 이때 전주천에는 여섯 개의 다리가 있었는데, 그 중에서 미전교(싸전다리, 전주교) 하나만 남고 다 유실되었다. 당시에 콘크리트 다리는 전주, 완산, 다가교뿐이었고 매곡교, 서천교, 진북교는 목교였다. 완산교가 무너지면서 콘크리트 덩어리가 두 동강이 나서 떠내려가다가 다가교를 덮쳐 연쇄적 대파의 난리가 일어났다.(일제의 전주침탈과 식민시대 구술실록 p.363)

전주천은 지금의 백제교 위쪽에서 금암천과 만나고, 백제교 한참 내려가서는 구이에서 내려오는 삼천과 만나니 거기가 추천이다. 어쨌든 전주천 물길은 지난날에도 흘러왔고 또 앞으로도 영원히 흐를 것이다. 전주인의 역사는 전주천의 역사이다. 전주사람들은 오랜 옛적부터 전주천 주변에서 마을을 만들어 살아왔고, 전주천 주변에서 시장이나 상가를 만들어 서로 얼크러져 살아온 사람들이다. 먹을 양식이 그곳에 있었고, 땔나무가 있었고, 소금, 술, 담배, 떡, 옷가지, 개고기, 기름집, 국수집, 주막이 있었다. 전주천에서는 목욕도 하고 빨래도 했다. 옛적에는 전주천 매곡교 근처 공지에서 서커스 나팔소리를 자주 들을 수 있었고, 약장수 재주꾼 소리도 심심찮게 들렸던 곳이다.[5]

(6)오목대梧木臺 이야기

오목대와 전주

순서가 좀 바뀌긴 하였으나 전주의 유구한 역사 유적지이며 명소인 오목대는 그 이름만큼이나 오목히 솟은 재미있는 전주의 동산이다.

옛 오목대

오목대와 이목대의 연육교

당시 초등학생들의 소풍지가 되기도 하였고, 중학생들의 산책과

5) 박병연(朴炳連, 1915) 前揭 述.

사색의 장소이기도 하였다. 그리고 남쪽의 색장동 신리 방면 통학생들의 통학로가 되기도 하였다. 특히 철길을 따라 걷다 보면, 전주고녀와 전북고녀 두 여학교를 빤히 쳐다볼 수가 있어서 여학생들의 체조하는 모습이라든가 다니는 모습을 볼 수 있는 곳이기도 하였다. 그리고 남원으로 가는 철길을 따라 내려가면 한벽루가 나오고 한벽루에서 더 가면 각시바위가 나오는데 여름이면 이곳 각시바위 아래서 목욕을 즐겼다. 또 오목대로 올라가서 구름다리를 타고 이목대로 올라갔다가 다시 산을 내려와 한벽루에서 물속에 잠기기도 하고 승암산을 한달음에 올라타기도 하였다. 오목대 와 한벽루, 승암산은 전주 어린이들에게는 재미있는 놀이터였다. 오목대와 이목대간 구름다리는 전주 남원 간 철로를 놓으면서 산이 끊어지니까 오목대와 이목대 사이를 구름다리를 놓아 연결한 것이다.[6]

또한 전주고녀 전북고녀를 지나 전주역이 있었는데, 남노송동구 전주여중에서 오목대 구간 철길은 언덕에다가 굽이가 심하여 기차가 제대로 달리지를 않았기 때문에 달리는 열차 잡아타는 것이 이 동네 아이들 놀이였다. 매우 위험한 짓인데 그 당시 놀이가 없으니, 그 시대 소년들의 즐거운 놀이 중 하나였고, 기차가 전주역이나 남원 방면에서 들어올쯤엔 귀를 철로에 대고 차 오는 소리를 감지하였다가 철길에 침을 뱉고 왜못을 올려놓으면 기차가

6) 송종섭(宋宗燮, 1924생) 전주 향친회 부회장 술회, 김명신 씨 채록 인용, 전주문화재단 박창우 기자 취재 참조.

지나간 후, 납작하게 된 것을 가지고 놀았다. 또한 남원 방면 통학생들은 이 길을 수도 없이 걸어야 했다.

그리고 필자 개인적으로는 1963년도 5월 어느 날 바로 이곳 오목대 동산에서 당시로는 전주에서 드문 행사였던 제2회 "전라예술제 한글시 백일장 대회"가 열려 여기에 참가하여 상을 탄 것이 오늘날 이렇게 글쓰는 계기가 되기도 하였다.

3. 요릿집과 선술집 이야기

1) 청풍관과 그 주변

한성권번 민요 가수 김화중선

청풍관과 요릿집에 얽힌 이야기를 해보자. 이것은 전주로서는 좀 이색적 풍경으로 소위 기생집 이야기이다. 지금 경원동 구 전북은행 뒤편 골목 부근에 청풍관이라는 요정이 있었다. 일제강점기에는 전주에서 가장 큰 요정이었다. 청풍관에는 얼굴 예쁜 기생들이 많기로 유명했고, 예쁜 기생들이 즐비하였다. 머리에는 동백기름을 곱게 발라 비녀를 꽂고 얼굴엔 뽀얀 분을 발랐다. 당시의 기생들은 걸어 다니지를 않고 인력거를 타고 출퇴근을 했다. 기생들 돈벌이가 좋아서 그랬는지는 모르나, 그 시대에 보통사람은 신식 결혼식이나 치러야 한 번 타보는 인력거다. 또 청풍관에서 술을 마신 손님들은 그냥 돌아가지 않고 다가동에 있는 일본사람이 운영하는 키쿠스이菊水여관으로 가서 하룻밤을 즐기는 것이 당시의 풍습이다. 요즘으로 치면 룸살롱에서 술을 마시고 2차로 마담언니 묵인하에 러브 모텔에 가는 풍속이나 엇비슷하다.

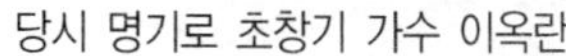
당시 명기로 초창기 가수 이옥란

서울의 명월관

그 당시 청풍관에서 마담 노릇 하던 초란椒蘭이라는 기생은 아들이 하나 있었다. 그런데 그 아이는 아버지가 누군지 모르는 것이었다. 어미는 자기 자식의 진짜 애비가 누구인지 알았겠지만, 그 사람은 계속 해방 이후까지 전주에서 살다가 주위의 눈치가 심하여 결국 전주를 떠났다는 이야기도 있다. 더 이상 전주에서 살기가 창피하다며 어디론가 떠나간 것이었다. 한 번은 전주에서 그래도 한 2백 석쯤 하는 중농이 살았는데, 그 집에 30대의 아들이 하나 있었다. 어느 날 가을 추수가 끝나고 그 아들은 소달구지에다 벼를 가득 싣고 부성에 있는 정미소로 갔다. 그런데 벼를 정미했으면

기생의 몸단장

장연홍

김옥진

쌀을 싣고 다시 집으로 와야 할 텐데 그게 아니라 "너희들 먼저 가거라. 나는 내일 갈란다." 이 한마디로 따라온 머슴들을 먼저 돌려보내고서, 도정한 쌀은 정미소에 맡긴 채, 도정한 쌀 중에서 한 가마를 갖고 유유히 유곽을 찾아간 것이다.

유곽에서야 촌놈이 쌀을 한 가마니나 갖고 놀러왔으니 대환영이었다. 이 청년은 집에도 안 가고 유곽에서 이틀이고 사흘이고 파고 살았다. 이 청년의 아버지가 가만히 생각해보니 아들 문제가 심각하여, 동네 몇 사람을 불러 아들 문제를 상의한 결과 혹시 무슨 변이라도 당했는지 모른다며 부중에 가서 찾아보기로 하였다. 동네사람들은 부중에 가서 정미소로부터 자세한 연유를 듣고 수소문하여 술집이며 이곳, 저곳을 샅샅이 찾다가, 결국은 다가정 유곽에서 그 아들을 찾은 것이었다. 그 아비는 노발대발하였고, 아들은 동네 사람들한테 끌려서 집으로 돌아왔다. 그리고 동네 어른들이 그 아들을 동네 마당으로 불러서 바닥에 엎어놓고 장정들로 하여금 각목으로 엉덩이를 내려치는 것이었다. 이 청년 각목이 내려칠 때마다 "아이고 아이고." 하면서 소리를 질렀는데,

유곽가

"이 매는 귀한 매니라. 너 한 사람 때문에 동네 다른 사람들한테도 물이 들면 안 될 일. 그래서 벌을 받는 것이니라." 하며 내려쳤고, 아들 아버지는 말이 없었다. 옛날에는 유곽이나 술집에 다니는 것도 중독이 된다고 하였다. 한 번 가고 두 번 가고 가다보면 자꾸 가고 싶은 것이 아편 같은 것이라 하였다. 그러다 패가망신하기 안성맞춤이라는 것이다.[7)]

청풍관 기생놀음

유곽의 구조는 대부분 안 복도에는 여자들 얼굴 밑에 이름과 번호가 붙은 사진들이 죽 늘어붙어 있었다. 손님들이 오면 사진을 보고 여자를 지명하는 것으로 지금도 일본의 카바레 등에서 흔히 하는 수법이다.

---

7) 최의완(崔義完, 1919생) 전 교원 술회, 김명신 씨 채록 인용.

2) 선술집 이야기

허술한 선술집 다치노미야

선술집은 처음에 시내에 5~6곳과 동네의 거점지역을 중심으로 하나씩 생겨났다. 그렇지만 낭만을 꽃피운 곳은 시내의 선술집이다. 우미관 뒷골목, 화원동 뒷골목, 경원동 도립병원에서 병무청 가는 방향의 좁다란 길에 선술집이 늘어서 있었다. 특히 소문난 곳은 우미관 뒷골목인데, 여기는 청풍관이란 기생집이 있었고, 그 주변에서 술을 파는 선술집들이 있었다. 이곳은 다른 곳에 비하면 멋과 풍류를 즐긴다는 청년들이 주로 드나들었다. 술집마다 주모와 젊은 작부 두세 명이 술시중을 들었고, 서로 의기가 투합되면 하룻밤을 같이 즐길 수 있는 곳이었다. 따라서 이 근방은 인기도 좋았고, 드나드는 술꾼도 당시의 말로 하이칼라라고 불렀다. 청풍관을 중심으로 늘어선 타치노미야의 소위 유두분면油頭粉面으로 단장한 젊은 여성들의 노랫소리와 웃음소리가 끝없이 유혹하는 곳이었다.

시내의 고사정과 다가정 대정정 뒷골목에는 카페가 두 군데쯤 있었는데 당시 모던이라 칭하는 사람들이 출입을 하였다. 지금의 중앙동 2가 중국 음식점 홍빈관, 홍콩반점과 웨딩샵이 있는 네거리 부근에 "동광미술학원"이 있었는데, 이곳은 전국적으로도 명성이 있었던 미술교육기관이자, 교유交遊의 장이었다. 이곳을 출입하는 분들이 바로 당시 예술가라 부르던 모던이었다. 그들은 호주머

니에 돈이 생기면 쓰지 않고 못 견디는 사람들이어서, 그 지역의 카페나 타치노미야, 이자카야, 때로는 요릿집에서 밤새워 술을 마시는 단골들이었다. 김영창金永昌 선생의 주도로 이희주, 천칠봉, 배향식, 이준성, 허은, 이복수, 이경훈, 유병희, 김용봉, 이병하, 허병, 한소희, 김해, 추교영, 권영술 등이 주멤버들이었다. 묵객으로는 유당 김희순, 효산 이광열, 설송 최규상, 강암 송성용, 토림 김종현, 우당 조중태, 벽천 나상목, 묵로 이용우가 있었는데 강암 송성용부터는 아직 나이 어린 문하생들이었다.

6~70년대 초까지 유행하던 "방술집"

해방 후에도 이 같은 풍토가 이어졌지만, 시대에 따라서 그 모습은 점차 변하여갔다. 70년대까지만 해도 중앙동 공보관 뒷골목 이영균 산부인과 자리 부근에는 고궁이란 막걸리집이 있었다. 여기에는 주로 신문기자, 문학인, 교수들이 많이 드나들었다. 이곳의 단골들은 이치백李治白, 이봉섭李奉燮, 하반영河畔影 제씨들이었는데, 필자도 두어 차례 가본 적이 있다. 이 지역은 본래 전주시가全州市街의 가장 중심지이자 번화가의 들목인 탓에 오가는 발길이 자연스럽게 하나로 모여지는 곳이었다. 특히 우체국 사거리에는 일제강점기에 인력거의 집합소였다. 여기에서 호출된 인력거가 요릿집 기생, 유곽의 게이샤 등을 태우기 위해 부름을 받고 가는 곳이었다.

또한 80년대 초에 이르기까지도 지금의 홍지서림 부근 골목에 몇 군데의 선술집이 있었고, 우미관 즉, 백도극장 뒤편에서 팔달로 방향으로 설화집, 그리고 중앙동으로 내려오면 정읍집, 후문집, 고궁, 옴팡집 등이 군데군데 널려 있었다. '70년대까지는 제법 흥청거렸다. 이 근처의 술집들은 선술집이라 해도 "방술"이란 것이 있었다. 방술이란 홀의 긴 의자에 걸터앉아 마시다가 방으로 들어가거나, 처음부터 방으로 들어가서 마시는 방식인데, 대개 좁은 방이지만 허름한 나무 교자상 위에 하얀 갱지를 깔고 먹는 소위 "흰 종이 깔고 마시는 술"인 것이다. 주전자 술에 특주라 부르는 약주를 양은 주전자에 담아 아가씨가 가져온다. 대개 이 무렵 선술집에는 한두 명에서 많게는 7, 8명 정도의 술 권하는 아가씨들이 있었다. 이 시대까지가 소위 "술 권하는 사회"에 해당된다.

남문거리 선술집

선술집을 노래한 가수 김해송(이난영의 첫 번째 남편)

80년대에는 삼양다방을 중심으로 모이는 소위 동문사거리 예술가라 칭하는 화가, 시인들이 많이 출입하였다. 필자도 역시 빠지지 않고 드나들었는데, 한 가지 잊지 못할 기억으로 남는 것은, 지금은 고인이 된 시인 박봉우朴鳳宇 선생을 만나게 되었다. 그는 술과 담배를 무척 즐겨할 뿐더러 그 당시에도 건강이 좋지 않았는데도 불구하고 꼭 나타났다. 그 후 얼마 되지 않아 부음을 들었다. 아마 우리나라에서 가장 불우한 문인이었다고 생각한다. 겨울에 연탄 한 장 살 돈이 없어, 냉방에서 지내다가 어느 지인이 들여준 연탄을 모처럼 피우니 방바닥이 성하지 않아 연탄가스가 새어 들어와 그만 생명을 잃은 것이었다. 우리나라의 다른 시인들은 불우하다 하여도 천상병 시인처럼 시중드는 사람이 있고, 나타나면 반기는 단골 술집이 있었고, 안주가 도타운 집을 골라서 가는 선택권까지도 가지고 있었으련만, 박 시인은 거기에 미치지 못하였다.

'50년대 말에 동아일보 신춘문예에 당선되고 동아일보 문화부기자 생활을 하였으며, 그의 〈휴전선〉이나 〈나비와 철조망〉같은 작품은 국어교과서에도 나오는 시인이었지만, 글을 통한 저항 정신이 스스로를 항상 외롭고 고단하게 만들었다.

4. 전주의 동네 이야기

1) 백정白丁과 부락민 마을 완산동과 서학동

조선 말기 그리고 일제강점기까지도 보이지 않은 신분계급이 크게 자리하고 있었다. 백정뿐만 아니라 모든 상인에게는 말을 놓았고, 존칭을 쓰면 그 사람을 수상하게 보는 그런 시대였음으로, 당연히 그들이 거주하는 곳도 일반인과 다른 지역에서 집단을 이루며 살았다. 그곳이 바로 상인들의 활동무대인 시장과 가장 가까운 동완산동과 서학동 일대였다. 완산동 매곡교 사거리를 중심으로 초록바위까지 집중적으로 모여 있었고, 지금의 서학동 파출소에서 뒤편으로 공수내 방향과 현 전주교대 방향의 두 방향으로 이어졌다. 중심지는 지금의 완산초등학교 앞 부근으로 이곳이 센터를 이루었다. 이 지역에 백정을 위시하여 인력거꾼, 마부, 점술인, 상인들이 삶의 터전을 일구었다. 대개 이 사람들이나 그 자녀들은 평상시에 차별대우를 받는다. 그런데 이 차별대우에서 해방되는 때가 있으니, 명절, 행사 등이 있는 날이다. 자연히 정월 초하루부터 대보름까지는 전주천을 중심으로 연날리기, 팽이치기, 돌싸움 등이 벌어지는데 그들이 주역이 되었다. 그 밖에도 사월 초파일, 단오, 유두, 백중, 추석, 구일 등에는 훌훌 벗어던지고 생활 할 수 있는 것이다. 아무리 덕진연못에서 윗옷을 벗고, 전주천에서 알몸으로 목욕을 할 수 있다고 하여도 지체 있는 사대부 양반가에서는 할 수 없는 노릇이기 때문이다. 이렇게 일제강점기까지 지역적 신분에 따른 주거형태가 있었다. 다른 지역에서는 볼 수 없는 이색 풍습으로는 명절날 음식을 골고루 지푸라기 위에 받쳐서 대문간 앞에 놓는 풍습 등은 이 지역 특징이었다.

그리고 전주천을 따라 서쪽 서문교회를 지나 종방까지의 부근은 하류계층과 화류계 종사자들이 살았다. 양반 체통을 살리려는 사람들은 동쪽 기린봉 방향과 전주고등학교 뒤편 소위 물왕몰이라 부르는 곳으로 모였다. 이곳은 본시 견훤의 궁성과 더불어 성벽이 지켜주는 곳이기도 하였다.

일제강점기에는 이곳에 모든 학교가 모여 있었고, 일본인 공직자들은 풍남동 지역에 터를 잡았다. 교동은 조선시대부터 학교가 있는 자리라서 교校동이며, 화원동에는 일반 공무원, 직원들이 많이 거주하였는데, 좀 지대가 낮은 탓에 비가 오면 물이 빠지질 않았다. 전주시내 사대문 안이 거의 침수지역인데, 그 까닭은 전에도 말한바, 본시 전주천이 금암동 현 KBS 아래 금암 로터리까지 냇가였기 때문이다.

2) 그림 같은 화산동 산자락의 선교사 양옥

전주에 최초로 선교사가 와서 거주하기 시작한 곳은 예수병원 부근 다가공원 근처의 산자락이었다. 테이트, 전킨, 레이놀드를 위시하여 여부수, 이눌서 선교사와 6, 70년대까지도 설대위, 인톤

목사 내외가 여기에 살았다. 이곳 산자락에 붉은 벽돌 양옥집을 지었는데, 당시로서는 보기 드문 건축양식이다. 지금까지도 한국인의 양옥은 역시 외부만 양옥이지 내부는 한옥이다. 그렇지만 선교사의 사택은 그때나 지금이나 막론하고 내 · 외부가 완전한 양옥이기 때문에 보기 드문 별난 집이었던 것이다. 산자락에 폭 파묻혀 소나무 그늘 아래 지어진 그림 같은 집이었다.

3) 물왕멀(무랑멀) 이야기

지금의 행정구역상으로 중노송동 2가동 일대로, 전주고등학교 뒤편 담으로부터 동초등학교에 이르는 지역을 부르는 옛 지명이다. 사람들의 입에서 입으로 구전되어 내려온 탓에 정확하게 언제부터인지는 알 수가 없지만 대부분의 고지명이 까닭이나 연고 없이 불려진 일이 없기 때문에 그 내력이 있음은 분명하고, 그 이름을 둘러싼 사실적인 근거도 있으리라고 추정한다. 원元 중노송 2가동사무소 앞에는 다음과 같은 돌 기념비가 세워져 있다. "물왕멀은 물왕마을(물왕멀)의 준말로 현재 중노송동 일대의 예부터 내려오는 지명이다. 큰샘(우물)이 있었고 물맛이 좋아서 물 왕이란 이름이 붙여진 것으로 보인다. 이곳은 전주의 진산인 성황산城隍山, 전부터 당산이라 하였음. 당산이란 신성시하는 의미가 있음)의 지맥이 기린봉을 타고 내려온 빈대산을 주산으로 하고 기린봉麒麟峰 골짜기에서 흘러내려오는 개울물이 마을을 감고 돌면서 이상적인 배산임수의 살기 좋은 풍수지리적 요건을 잘 갖추고 있다. 후백제 견훤의 궁궐터로 전해내려오고 있으나, 그보다 훨씬 이전부터 집단 주거지였을 것으로 보인다." 이렇게 비문에는 각자刻字가 되어 있다. 여러 정황으로 미루어 볼때, 이 지역에 후백제 견훤궁을 보호하는 외성이 전주고교의 서쪽 담을 타고 곧장 올라와 중노송동 2가동 삼거리 동초등학교로 향하는 고지대로 성벽이 둘러싸였고, 이 삼거리에서 동초등학교 사이에서부터 남쪽 방향으로 전면을 향하여 궁궐이 있었다고 보여진다. 물론 궁궐은 광대하게 널리 자리잡고 있었겠지만 어떤 형태이든 내전이든 동궁이든 궁궐이 있었고, 그 당시에도 큰 우물이 자리잡고 있었을 것이다. 비단 우물이 커서 물왕이라고 하기보다는 "왕이 드시는 물"이란 의미에 가깝다고 볼 수 있다. 우물이 크다고 물왕이라 한 경우는 역사적으로 없었기 때문이다. 이 말을 반대로 "왕물"이라 하면 더 뜻이 통한다. 신라의 제도로는 왕을 내물 마립간, 내물왕, 물왕이라 하였다. 동초교에서 서쪽으로 삼거리 방향의 주택가에서는 석대 등이 발견된 일이 있다.[8)]

그리고 고대 전주는 현시가지가 거의 지금의 전주천 내에 들어있어 물이 차 있었기 때문에 적군이 침입할 경우 이 강물이 방해요인이 되어 퇴치하기 좋은 여건이 되는 것이었으며, 이 강물을 막 벗어나 고지대가 이루어지는 곳이 여기서 부터인 까닭이다. 따라

---

8) 2003년경 KBS의 다큐멘터리 「역사스페셜」 보도에서 유인촌, 지금의 문광부장관이 이를 설명하며 보도한 바 있다.

서 이곳 중노송동 지역에서부터 중바위, 즉 승암산을 넘어 고원을 이룬 지역까지를 견훤궁으로 하였을 것이다.

5. 극장(영화관) 이야기

1) 극장(영화관)에 얽힌 이야기

(1) 제국관(테이코쿠캉 : 帝國館), 전주의 유일한 극장

제국관 → 도립극장 → 전주극장 → 없어짐

일제강점기 전주의 유일한 극장, 영화관 이야기는 전주 연예역사의 시작이다. 이것이 바로 군산 다음으로 생긴 극장이고, 서울에서부터 따지면 100번째나 되는지 모르겠다. 그런데 전주가 영화의 도시, 영화의 거리, 마치 영화의 메카처럼 생각하는 데에는 무리가 있다. 제일 먼저 생긴 것이 제국관이다. 연예 무대 위에서 굿이나 연극 또는 영화를 상영하는 근대적 극장이 확립된 것은 일제강점기 때였다. 1925년 전주에 유일한 극장으로 제국관이 건립되었다.(지금은 전주백화점이 세워져 그 잔영조차 없다.) 인구 5만여 명의 읍에서 부로 승격할 무렵이어서 오히려 군산보다 이 방면에는 뒤떨어져 있을 때이다. 그런데 전주가 국제적 영화의 도시로 영화의 거리 영화예술의 메카라 함은 좀 묘하다. 김승호가 나온 것도 아니고 더 거슬러 우리나라 영화의 대부인 윤백남, 나운규와는 더구나 거리가 멀다.

군산에는 개복동에 군산극장과 일본인 전용의 희소관이 나란히 골목 하나를 사이에 두고 있었다. 만경평야를 중심으로 한 호남평야에서 생산되는 쌀을 일본으로 실어 나르는 항구도시였기 때문에 경기도 활발하였을 뿐만 아니라 극장업도 전주보다 앞서 있었다.

그러한 연유로 전주의 제국관은 군산보다 뒤늦게 건립되었다.

그래도 도청 소재지에 극장 하나 없어서야 되겠느냐는 그 당시의 여론에 못이겨, 도내 일본인 토건업자 8명이 5백 원씩 주식으로 투자하여 4천여 원으로 건축되었다고 전해진다. 그래서 그것을 표시하기 위하여 제국관 전면에는 비둘기 두 마리가 양쪽에 여덟 '팔'자 모양으로 앉아 있는 마크가 있었다.

그런데 이 제국관은 마쓰나가(松永)라는 일본인 형제가 운영하였다. 형은 마쓰나가 시게루(松永 茂)이고, 동생은 마쓰나가 기요시(松永 淸)였는데, 두 사람 다 같이 미남이었다. 또 한 가지 재미있는 것이 형은 시대극의 변사를 했고, 동생은 현대극의 변사를 맡았는데 그 솜씨는 둘 다 천하의 일품들이었다.

이 제국관은 지하1층에 지상2층의 빨간 벽돌건물이었다.(제국관의 규모는 1층의 좌석242, 좌석80, 2층273, 계595석) 지하1층의 현관 쪽 입구 양편에 신발장(개소구다이)에서 출입하는 관객의 신발을 보관하여 주었다. 관람이 끝나고 번호표만 내밀면 보관하였던 신발을 내주는데, 그 정확하고 빠른 동작은 정말 놀라울 정도였다. 그 신발장 천장 쪽엔 2층으로 올라가는 계단이 있었다. 추운 겨울에는 손화로(히바찌)와 방석을 5전주고 사야 했다.

1층 출입문은 전면에 두 개가 있었고 양쪽 복도가 있었는데 복도와 객석 사이는 미닫이(후스마)로 되어 있고 바닥은 다다미(일본식 돗자리바닥)가 깔려져 있었다. 2층 역시 ㄷ자형의 객석이었으며 여기도 다다미가 깔려 있었다 천장은 양철을 깔아 1m 사방넓이로 칸을 만들어 시내 유명 점포의 선전문으로 광고를 하였다.

유명한 것으로는 나무신발장수[僑本下駄屋], 철물점[淺野金物], 가구점[上原家具], 약국[佐佐木藥局], 다방[吉賀茶屋], 식당[奴], 카페[二葉], 카페[吉見屋], 우동 소바집[博多屋], 떡집[大正餅屋], 양조장[加瀨壤造], 양조장[田村壤造] 등의 광고가 인상적이었다. 시간 전에 입장하게 되면 벌떡 누워서 이 광고를 몇 번씩 되풀이하여 읽으면서 지루함을 달랬다. 흥행의 종류도 다양해서 무성영화를 필두로 올 토키영화도 시대물과 현대물로 반드시 교대하여 상영되었고, 극단도 우리의 것과 일본 것이 있었으며 순극과 악극으로 구분되기도 했다. 뿐만 아니라 무용, 각종 실연, 마술단, 나니와부시(浪花節 : 일본의 창형식) 등 무엇이고 극장의 무대를 통해서 구경할 수 있었다. 이때 요금은 대인이 10전, 소인이 5전이 통상적이었고, 경우에 따라서는 요금이 엄청나게 비싼 것도 있었다.

한국판 〈이수일과 심순애〉의 원조 金色夜叉

장한몽1916년
초판본 조선도서

새벽의 탁주
(현대 복원판)

장한몽의 원조
곤지키야샤

대표적인 경우로는 최승희崔承姬의 무용공연과 일본의 최고 무용가 이시이바꾸石井漠의 무용공연이었다.

그 요금은 보통 때의 10배인 1원 균일이었다.

영화 "복지만리"(일본의 전쟁 선전영화)
전부 한국인이 만들고 출연하였다.

당대 최고의 무용수 최승이(희)

최승희 공연 티켓

이런 특별한 프로는 물론이거니와 매 프로마다 깃대(노보리)를 들고 북치고 나팔을 불며 시내를 일주하면서 광고지를 나눠주고 다녔다. 이것을 마찌마와리라고 하였다. 으레 깃발은 김금봉金今奉 당시 별칭 사부로[三郎]가 들고, 정모, 이치로[一郎]씨 등이 나팔을 불고 북을 쳤었다. 김준송金俊松 씨라는 분이 이를 감독하면서 광고지를 나눠주기도 하였다.

최승희의 발랄한 도약

또한 극단이나 색다른 흥행물이 오게 되면 이들은 호강을 하게 되는데 전처럼 걸어다니지 않고 인력거를 타고 다니게 되는 것이다.[9)]

2) 부민관府民館과 우미관優美館이야기

(1) 부민관

1945년 해방될 때까지도 제국관이라는 극장 하나밖에 없었다. 모든 구경거리는 이 제국관의 무대나 스크린을 통하여 볼 수밖에 없었다. 그러자니 자연히 극장에서의 흥행물도 이 한곳에서 다양하게 펼쳐졌다. 한 가지 생각나는 것은, 감수성이 많은 연령의 학생들은 호기심에 극장이나 영화관에 가고는 싶으나, 돈도 없는데다가 들키면 학교에서는 조행성적에 반영하였고, 심하면 정학을 당하기도 하니 갖가지 방법을 동원하였다. 돈은 미리미리 쌀 됫박이나 내다 팔아서 만들고, 영화관에 들어갈 때에는 배우들처럼 모자에다 신사양복으로 변장을 하기도 하였다. 그리고 극장이 끝나면 오는 길에 타이쇼오 모찌야에 들려 나마가시, 젠자이 등을 사먹는 것은 최고였다. 그러나 다른 아이들은 상급학교에 갈 궁리를 하고 있는 판인데 틈만 생기면 극장출입을 열심히 하던 친구들은 그 방면의 우등생이었던 까닭에 나중에 배삼룡 같은 연예인이 되거나, 상급학교 정식 진학이 안 되어 신흥학교나, 공업보습학교,

---

9) 탁 광(卓 光) 全北映畵裏面史, pp. 92~99 참조 전주문화재단 자료.

간이학교 등을 나와 나중에 잘된 이도 있었다. 좌우간 영화만 하더라도 미국영화를 필두로 불란서영화, 영국영화는 물론 독일영화도 있었는데, 당시 그레타 갈보가 나오는 미국영화는 인기가 대단하였다.

거기에다 일본영화도 현대물, 시대물로 양분되어 쉴 사이 없이 상영되었지만 우리 한국영화라고는 가뭄에 콩 나듯 간혹 만들어졌다. 그나마도 국책영화(일제의 전쟁수행) 성격으로 제작되어 감명 깊게 보았던 〈수업료〉, 〈집 없는 천사〉, 〈망루의 결사대〉 등도 일본말 녹음이 들어 있고 일본배우들이 특별출연하는 등 순수한 우리의 것은 아니었다.

가수 신카나리아

신카나리아 일본 공연 포스터
한국 유명 연예인 모두 우정출연

일제강점기 말기에는 태평양전쟁의 미화와 그 동참을 선동하는 주제가 많았지만, 전쟁터에서 아름답게 피어난 사랑이야기 등이 곁들여 있어 인기를 모은 것도 많았다. 대표적으로는 〈복지만리〉 일본영화 〈아이젱 카쓰라〉 〈새벽의 탈출〉등이 있었고 순수외화로 〈오케스트라의 소녀〉 등도 상영되었다.

해방이 되자 극장(영화관 포함, 대개 외국에서는 극장과 영화관이 별도 구분이 된다. 연극 공연은 극장, 영화 상영은 영화관에서 한다.)이 늘어나기 시작하여 부민관과 우미관이 생겨났다. 그리고 제일 마지막으로 생긴 것이 중앙극장이다.

부민관(府民館 : 즉 일제강점기 전주府는 전주시이므로) 그 후, 시민관 시민극장으로 바뀌었다가 지금은 흉물로 남아 있었던 얼마 전까지의 오거리 우신여관 자리이다.

(2) 우미관

우미관 → 백도극장→ 아카데미 극장 → 없어짐

우미관도 이 무렵 생겨났는데, 그 후 백도百都극장, 아카데미 극장으로 명칭이 바뀌게 되었다. 여러 작가 분들의 전주이야기 출판물(단행본)이나 기사 등의 이야기를 보면 우미관이나 백도극장도 잘 모르고, 대개는 아카데미 극장 정도의 이야기로 시작하는 걸 볼 수 있다.

우미관은 이를 증명이라도 하듯 바로 뒷골목에는 지금 우미관이라는 간판의 음식점이 있다. 극장 명칭은 당시 서울의 유명한 명동 우미관의 명칭을 딴 것 같고, 주로 여기서는 연극 공연을 많이 하였다. 특히 여성국극이 유명하였다. 목조건물이었는데 들어가면 좀 답답한 느낌을 주었다. 방화 개봉관으로 50년대 말에는 영화 〈산 넘어 바다 건너〉 〈유관순〉 등의 상영과 유루미 댄싱 팀이 나오는 "레인보 쇼"공연 등을 하였다.

그리고 중앙극장은 그 후에 개관하여 재개봉관이 되었고, 부민관도 시민극장으로 되어 역시 재개봉관이었다.

3) 국극단 이야기

여성국극단 임춘앵과 그 일행 －왕자호동－

순수 우리나라 악극으로는 임춘앵 국극단이 유명하였다. 출연자 모두가 여성이지만 그 중 남성배역을 여성이 분장하여 맡았다. 해방 후에 내가 본 기억으로도 임춘앵이 꿩 장끼의 깃을 꽂은 모자에다 활을 등에 멘 모습이 선하다.

극단도 순극과 악극의 두 종류가 있었다. 그 중에서 악극은 글자 그대로 유행가요 등의 노래가 나오는데 대부분의 노래가 군가나 시국가여서 악극도 순수한 우리의 것이라고는 할 수 없었고 겨우 순극만이 우리 것이라 할만 했다.

〈낙화유정〉 신문 포스터 광고

노래하는 극단은 청춘좌, 아랑阿娘, 호화선豪華船, 황금좌黃金座 등이 있어서 1년에 한 번 꼴로 순회 공연하는 것으로 우리 것에 대한 향수를 달랠 수 있었다.

신불출과 신은봉

아랑의 뇌우雷雨, 호화선의 만리장성萬里長城 등에서는 화려한 무대장치도 좋았고 지금은 고인들이 되었거나 이북으로 넘어간 사람들도 있지만 심영沈影이나 박학朴學, 그리고 백성희白星姬 등의 연기는 정말 일품이었다. 특히 청춘좌의 〈사랑에 속고 돈에 울고〉 일명 〈홍도야 우지마라〉는 지금도 황철黃澈, 한일송韓一松, 차홍녀車紅女 등의 열연이 눈앞에 선하다.

황수복

채규엽

송달협

악극단도 전옥全玉(비극 배우로 눈물의 여왕이라 불렀다.) 씨가 단장인 백조白鳥, 현대의 김승호金勝鎬, 낭낭娘娘의 문일화文一華 외에도 군소단체들이 심심찮게 지방순회를 하고 다녔다.

이화자

전 옥

선우일선

그 중에서도 전옥全玉 씨의 〈눈 나리는 밤〉은 너무나도 유명하였고 또 김해송金海松 씨(이난연의 남편)의 조선악극단 〈아리랑 보이스〉, 〈저고리 시스터〉가 유명하여 그 인기는 국내외로 대단하였다. 일본으로 건너간 조선악극단(후에 O.K악극단으로 개칭, 그 후 K.P.K악극단)은 일본영화 재치부인(오모이스끼 후징)에 특별 출연도 하였다. 그때의 가수로 김정구金貞九, 송달협宋達協, 이복본李福本, 계수남桂壽男 등이 생각나고 여가수로는 이난영李蘭影, 이화자李花子, 장세정張世貞, 박단마朴丹馬가 있었다.

이들이 공연을 할 때에는 어김없이 인력거로 시내를 일주하며 마찌마와리(거리를 도는) 광고를 하였다. 그야말로 굉장한(大物, 오오모노)흥행물이다.

4) 마술사 이야기

(1) 네꼬하찌(猫八)의 만담

1937년 겨울 어느 날, 전북일보 공장장으로 있는 고바야시(小林七藏)라는 일본영감으로부터 네꼬하찌의 공연초대권 1매를 얻었다. 이 초대권은 특별 우대권이었던지 나이 어린 나에게 방석도 주고 화로도 1개 주어 성인대접을 받아 아주 기분이 좋았다.

막이 오르자 무대 양쪽 모서리에 백미 다섯 가마씩 쌓아놓고 중앙에 책상 하나만을 놓은 채 아무런 장치도 없이 일본 고유의상(하오리)을 입고 한손에 부채 하나만 들고 나와 재담과 만담으로 관객들을 웃기고 놀라게 하였다.

자칭 신인이라고 하는 이 네꼬하찌 씨는 신통력을 발휘하여 상대방이 품고 있는 모든 생각을 그 자리에서 지적하는 것이었다. "지금 당신께서는 무슨 생각을 하고 있지요?" 하는 식으로 관중 한 명 한 명의 생각을 알아맞히는 것이다.

그러다가 자기가 답변이 틀리거나 궁색하게 되면 벌금(?)조로 백미 한 가마씩을 주곤 하였다. 어떤 관객이 돈지갑을 모자 속에 놓고 내가 지금 무엇을 갖고 있느냐고 묻자, 네꼬하찌는 서슴없이 왈, "모자 속의 돈지갑" 이라고 즉시 대답한다. 다시 손님이 "그러면 이 지갑 속에 돈이 얼마 들어있는가요?" 하고 반문한다. 네꼬하찌는 "……." 답변에 궁하였다. 그 손님이 백미 한 가마를 상금으로 받았다. 백미를 주면서 네꼬하찌는 "손님께서는 돈이 얼마 들어있는지 아십니까?" 하고 물었다. 그러나 손님도 "실은 나도 모릅니다!" 하고 말이 끝나자 노발대발하면서 영감의 세계에서는 본인이 모르는 걸 상대가 알 도리는 없는 것이라며 자기는 엉터리가 아니라는 걸 여러 번 강조하였다. 아무튼 "내 생애에 신기하고 잊지 못할 구경거리의 하나였다."[10]라고 박 옹은 술회하였다.

(2) 미끼 마사따로(三木政太郎)

이 사람은 절도 전과 8범으로 거의 반생을 형무소에서 보낸 자로 뒤늦게 정신을 차려 당국의 후원과 보호를 받으면서 방범강연

---

10) 박병연 씨의 회고.

을 하고 다녔다. 무대 중앙에 있는 책상 위에 수십 개의 자물쇠를 풀어 보인다. 특히 그때 천하에 어떤 기술로도 불가능하다고 장담하고 내놓은 우편국 소포상의 자물쇠도 거뜬히 열어젖혔다. 또 그가 전과 8범이 되기까지의 경험담을 하나하나 설명하면서 완전범죄란 절대로 없다는 교훈(실패담)도 남겼다.

강연이 끝난 후, 자기가 저술한 ≪범죄는 사전에 예방된다≫라는 책자를 가지고 장내를 누비며 팔고 다녔다. 너도 나도 손을 벌려 상당한 수량이 날개 돋친 듯 팔렸다. 그리고 미끼(三木政太郎)의 실연을 보고 지금도 잊혀지지 않는 이야기가 있다.

50년대 〈찔레꽃〉

이 사람의 키가 불과 1백60cm밖에 안 되는데 자기에게 도둑맞은 집에서 도난신고를 하는데 그 내용을 보면 으레 인상착의에 자기의 키가 6척(1백80cm) 가량으로 신고가 되어 있더라는 것이다. 그건 피해자가 당황하여 위축된 감정에서 도둑을 올려다보는 바람에 정확성이 없다는 것이었다. 그런 약점을 노려 이 사람은 반드시 피해자들이 잠이 든 사이에 침입을 했고 꼭 머리 위에서 '돈 내라!' 하고 작업(?)을 했기 때문에 십중팔구 거인으로 보이게 마련이란다. 신고자의 부정확한 신고로 당분간은 안심이 되었을 것이다. 교훈이 되었던 흥행물이었다고 생각된다.[11)]

(3) 최팔근崔八根의 민요

2차대전이 막바지로 치닫자 이 땅의 청년들도 지원병이라는 명분으로 군인에 끌려가고 내선일체(內鮮一體 : 조선과 일본은 한 몸) 따위를 크게 내세워 조선사람의 친일을 독려하고 있었다. 이 무렵 충청도 태생의 최팔근이라는 사람이 일본 고전소리 나니와부시(浪花節)를 배워 와서 우리나라 말로 만들어 지방을 순회하면서 인기를 모았다. 우리 '소리'나 일본 나니와부시(浪花節)는 다 같이 목청을 돋워 고함에 가까운 소리를 지르는 정말 어려운 노래였다.

그런데 이 최팔근은 목청을 올려 〈새벽차 떠나가는 옥천玉川정거장〉하고 〈이인석李仁錫상등병〉이라는 제목의 나니와부시를 하기 시작한다. 낭랑한 목소리에 만장은 우레와 같은 박수가 터져나오고 학생동원까지 하는 대단한 홍행이었다. 그 후 정통파인 일본 제일의 히로자와(廣澤虎造)가 본격적인 나니와부시를 가지고 홍행을 하였지만 지난날의 최팔근보다는 어림도 없는 홍행기록을 냈었다. 최팔근은 일본에서 정식으로 나니와부시를 익혔지만, 해방 후는 잠적하여 그 후의 행적을 알 수가 없다.

5) 서커스(곡예단), 만시바이(漫 芝居い)굿

영화나 연극, 악극단 쇼 무대는 주로 유명 연예인들이 조직하여 그 명성이나 인원이 알려져 있는데 반하여 서커스는 그렇지가 않았다. 주로 무명이지만 온갖 재간꾼이 다 모여 종합적으로 줄타기,

11) 일제의 전주침탈과 식민시대 구술실록 p. 411 ~ 참조.

공중묘기, 외발자전거, 접시재주 등과, 노래, 연기, 만담이 고루 섞인 것이다. 영화나 연극보다 큰돈을 내고 들어가는 것이 아니었다. 이러한 관계로 서민 하층계급의 인기가 있었고, 특히 명절 명일에는 그들의 독차지가 되었다. 전주천변 모래밭이나 고사동 빈터 등에서 많이 포장을 쳤다. 동춘 서커스, 반도 서커스 등이 있었는데, 아마 여러 가지를 한다는 뜻으로 만萬 즉, 만 또는 즐거운 여러 가지의 재주(시바이, 芝居)라 한 것 같다.

중국 아가씨 李香蘭으로 扮한 〈支那の夜〉의 야마구치 요시코 일본 참의원 대의사(상원 국회의원)를 지냈다.

6. 중앙동과 동광미술학원

대정정(타이쇼오 마치 : 大正町)

1) 중앙동에 얽힌 이야기

타이쇼오마치大正町

중앙동 거리

타이쇼오 마치大正町
목조건물 우체국 앞
십자로에 서면

남문으로 가는
본정통本町通인가

북문으로 가는
고사정高士町인가

동아부인상회, 부민관은
어디쯤일까

가던 길
내려서 가면
노끼나미軒並 나가야長屋의

3町目-2정목-1정목

낭만 꿈꾸던
동광미술학원東光美術學院
그리고 望月은 어느 자리인가.

一町目 다가정多佳町의
아름다운 구루와遊廓는
그 근방에 있는가.

전매국
굴뚝 연기는
삐쭁이냐 미도리냐
코오아興亞의 내음이드냐.

그 연기 내음
예전에
전주를 감싸안았다네.

전주의 중심부 거리로 번화가를 대표하는 중앙동은 일제강점기에는 대정정이라 하였다. 이곳은 해방 후 1970년대 초까지만 해도 그 화려함을 자랑하였던 곳이나, 80년대 이후는 퇴락의 길을 걷더

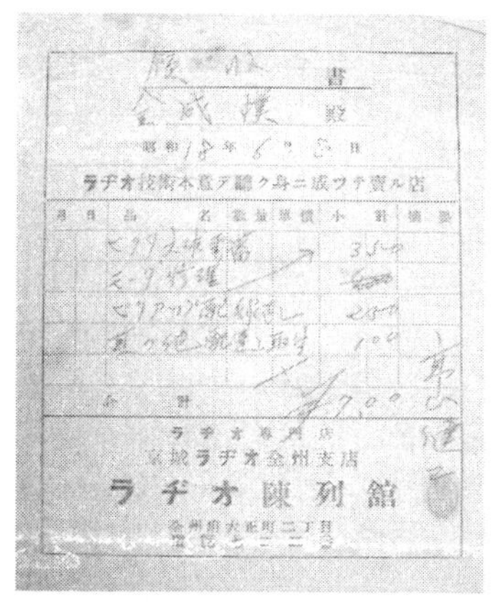

ラヂオ専門店
京城ラヂオ全州支店
ラヂオ陳列館

대정정 라디오방 영수증

니 요즘에 와서(2000년 이후) 웨딩거리라는 특색 있는 변신을 시도하여 새롭게 출발하였다. 그러나 옛날의 찬란한 역사에는 미치지 못한다. 상권의 이동으로 고사동 오거리 방향으로 옮겨갔다. 그러나 옛 향수를 느끼며 이야기를 시작하면 단연 중앙동이다.

일제강점기부터 전주우체국 사거리에서 고사동 방향으로는 문방구, 사진관, 악기점, 백화점이 있었었고, 남문 방향의 본정통으로 이어지는 도청로는 사무용품, 라디오, 만년필점이 있었다. 그리고 남문을 빙 도는 위치에는 시계점, 노트사, 저가 옷가게 들이었다. 그리고 다가정으로 내려가는 대정정 본통은 시계, 보석, 양복점, 레코드 가게, 오복吳服점, 제과소, 다방喫茶店, 일식집 이렇게 3정목(3가)에서 다가동 입구 1정목으로 이어졌고 1정목에는 중국 화교 음식점이 자리잡았다. 지금도 그 유풍은 남아 있지만 예전의 번화함에 미치지를 못한다.

그러나 이곳은 일본인 거리이다. 일본이 계획적으로 도시마다 일본인 전용 상점가 거리를 두었는데 그곳을 가장 번화한 거리 항카가이(번화가)로 만들었다. 서울의 충무로 명동이 그것이다. 한국인 거리는 종로였다. 전주는 도시가 적으니 꼭 구별할 수는 없지만 본정통의 남문 그리고 그 쪽의 재래시장이 한국인 거리인 셈이다.

일제강점기 초기에는 남자의 정장이 모직 양복, 소위 마카오 양복이란 것을 지어 입고 모자를 썼다. 대체로 양복 한 벌은 중류 월급쟁이 한 달치의 월급이다. 시계도 보통 세이코는 반 달치 월급이고, 월삼은 한 달치 월급, 월삼 금딱지(금시계)는 두 달치 월급이다. 대정정 입구 우체국 맞은편 2층이 교차로 다방, 그리고 지금의 2정목쯤해서 요시노야 다방, 타이쇼오 명과점, 우동집이 있었다. 그리고 가구점, 철물점이 있었다. 레코드 가게 앞에는 스피커로 당시 유행하는 군가나 가요곡을 들려주니 거저 듣는 재미로 오가는 사람도 많았지만, 학생 청년들은 레코드 한 장 사는 것이 큰 즐거움이었고 어른들은 큰맘 먹고 라디오나, 축음기 한 대 들여놓는 것이었다. 축음기는 여러 종류가 있어 가방형은 한 달치 월급, 대형은 한 달 혹은 일 년을 모아도 못살 만큼 비싼 것이 많았다.

1930년대 당시 거리의 신사
(본문 내용과는 관계가 없는 인물사진임을 밝힙니다.)

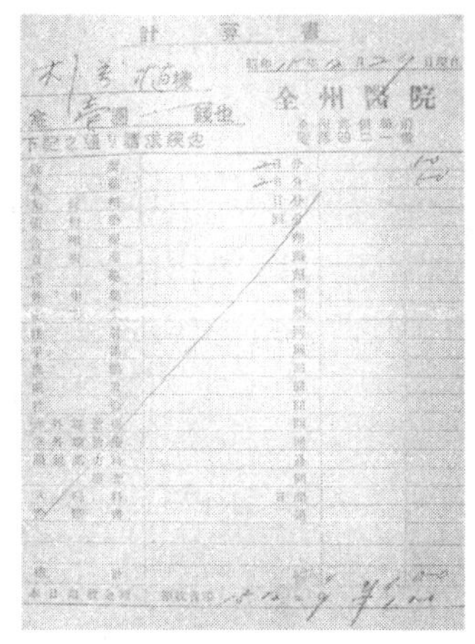
計 算 書

全州醫院

전주우체국 맞은편 전주의원
진료계산서

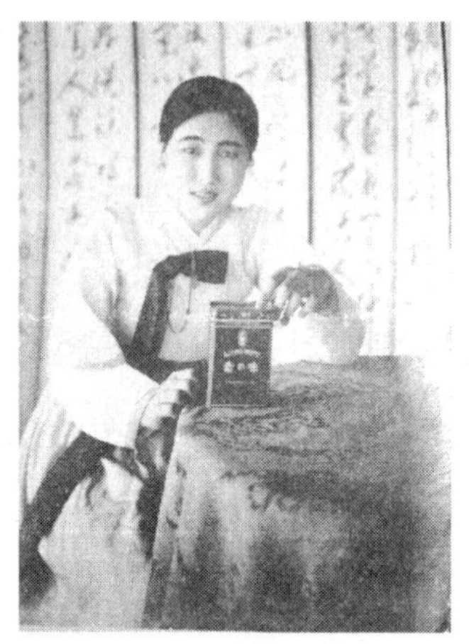

1930년대 미원(아지노모토,
味の素)광고. 모델은 기생

2) 동광미술학원東光美術學院 이야기

동광미술학원東光美術學院과 전주의 예술인

전주를 만약에 예술의 고장이라 부를 수 있다면 그것은 바로 "동광미술학원"과 무관하지 않다. 예술이라고 하여도 특히 동양, 더욱이 한국적 예술이라 할 수 있는 묵향墨香의 고장이기 때문이다.

전주의 당시 대정정의 한 모퉁이 지금의 중국 음식점 홍빈관 부근에 조그맣게 자리잡은 "동광미술락원"은 1920년대에서 해방 공간까지 전주 예인 특히 화가 서예가의 중요한 교류장소이면서 후진을 양성하는 교육기관이었다. 서울에도 미술교육 기관이 변변치 않아 일본으로 유학을 가지 않으면 안 되었던 당시에 지방에 그래도 대도시에는 1세대 화가들이 있어 문하생을 양성할 수는 있었다.

즉 서울에는 조선시대 예맥을 이어 우리나라 근 현대 서양미술을 도입한 춘곡 고희동高羲東과 김찬영이 있었고, 평양에는 김관호金觀鎬가 있었지만, 지방에는 이렇다 할 여건이 형성되지 않았다. 이즈음에 선각사상을 가진 박병수朴炳洙 씨가 동광미술학원이 개원하여 목마르던 예술의 갈증을 풀었다.

일제가 한창 식민화를 추진하기 시작한 1920년대부터 40년대까지는 일본유학에서 돌아온 박병수, 이응노李應魯, 김영창金永昌, 허은 씨 등과 설송雪松 최규상崔圭相 씨 등이 후진을 양성하였고, 제자들로는 강암 송성용, 하반영, 소병호 씨 등이 있었다. 그들은 이곳에서 화풍이나 경향을 초월하여 교류하였다. 처음 시작은 미술학교다웁게 서양화를 위주로 하였으나 나중에는 동양화, 그리고 묵화, 서예 등으로 점차 경향이 변하였다.

여기에서 공부한 사람 중, 특히 끝까지 전주를 지킨 하반영 씨의 회고에 의하면, 역시 한국인은 서양화를 할 수가 없다는 것이다. 본인이 유럽에 가서 연구하고 배우고 하였지만, 아무리 한다 하여도 유럽의 예술인을 따라갈 수가 없다. 그래서 종국에는 동양화로 돌아온다는 것이다. 그 대표적인 예로 춘곡 고희동을 들 수 있다. 이렇게 하여 해방이 되자 그 끈질긴 이념 갈등은 여기에도 나타났고, 결국 설립자인 박병수 씨가 월북함에 따라 문을 닫고 각자의 길을 걷게 되었다.

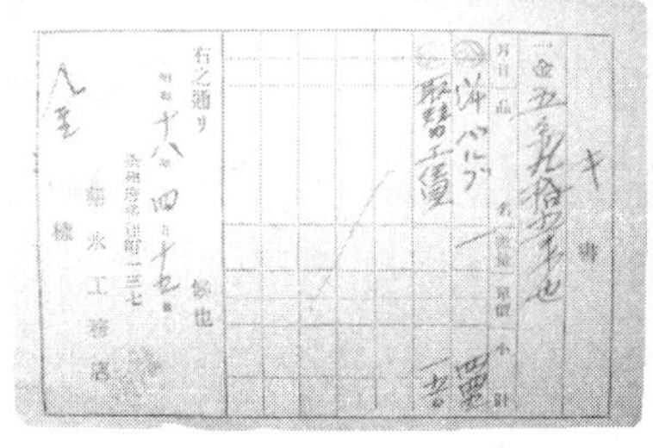

다가정 후쿠나가 공업사 전표

일강점기때의 부유층 생활모습

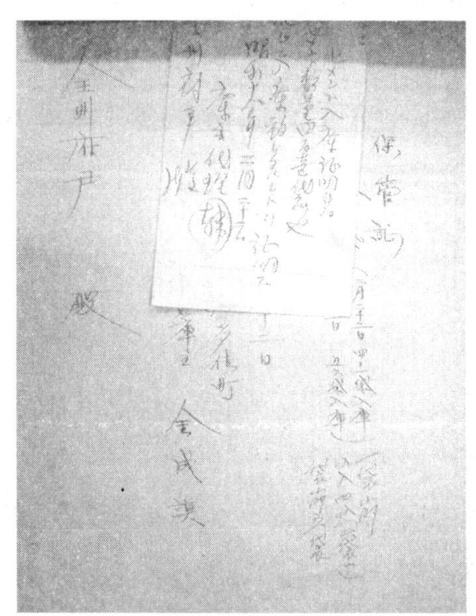

일제강점기 전주부윤(시장)이 맡긴 보관증

7. 학교 이야기

학교에 얽힌 이야기

조선시대 전주의 학교는 지금 교동校洞에 현존하고 있는 향교鄕校와 화산동의 화산서원華山書院이다. 그리고, 전주에 근대식 교육이 시작된 것은 옛 향교 자리를 중심으로 한 관학官學과 사학私學교육의 싹이 튼 화산동 신흥학교자리이다. 향교에서는 관학이 시작되어 전주보통학교가 탄생하였고, 해방 후 1950년에는 명륜대학(전북대학교)이 생겼다. 그리고 오늘날의 초 중등교육기관이 거의 모두 여기에서 시작되었으니 북중, 남중, 전주고녀 전북고녀, 농업학교, 사범학교 등의 정규 학교가 이 부근을 중심으로 기린봉 아래의 동쪽 지역에 생겨났고, 화산동과 외곽 상생정에는 신흥기전, 공업간이(전수, 보습)학교, 실천여학교 등 좀 격이 낮은 학교가 생겼다.

1) 초등학교

(1) 전주초등학교의 탄생, 전주보통학교

전주 최초의 초등학교는 갑오경장과 함께 고종의 교육조서敎育詔書에 따라 1897년에 전국 관찰사 소재지에 1교씩 설립한 전라북도 공립소학교인, 현 전주초교이다. 그 후 명칭이 아마 가장 많이 바뀐 학교이기도 한데, 최초의 전라북도공립소학교(1897)라는 명칭을 가진 전라북도공립小학교로 시작하여, 전주 제1보통학교, 전주상생심상소하교, 상생공립國民학교, 그리고 해방이 되면서 전주국민학교라 하였고 이것이 지금의 전주초등학교이다. 처음 학교가 시작이 된 장소는 향교이며, 다른 칭호로는 남문밖(남밖)소학교라 불렀다. 대부분의 교육기관이 이렇게 전주향교와 그 부근에서 시작되었다

1895년 고종의 교육조서敎育詔書가 반포된 후, 한성사범학교와 그 부속소학교, 재동소학교가 생긴 후에 지방에서는 각도 감영 소재지에 1개교씩 8개교를 설립한 가운데 하나로 지방 초등학교로는 최초의 근대식 학교 속에 포함된다.

최초의 책임자로 부임한 이는 한성사범 1회 졸업자인 장성화張星和이다. 그리고 교원으로는 장성화(학교장)를 비롯하여, 송순영宋淳瑩, 유학수柳學秀, 유춘희柳春熙 이 세 사람이었다. 그 당시는 구한말이어서 단발령이 내리고 근대화의 물결이 이는 시기였지만, 여전히 구학 구습을 고수하는 것이 일반적인 사회풍토였고 학교에

서도 머리를 길게 땋아 늘어뜨린 아이가 많았다. 상당히 개화가 되었거나 근대사상을 가진 집안, 또는 일본화에 일찍 눈뜬 가정이 아니면 학교에 보내지 않았던 시대였다.

일제강점기에 들어와서는 전술한 바대로 여러 번 교명이 바뀌었는데, 일제강점기 말기에는 동네이름 즉 상생정(相生町, 아이오이마치, 지금의 태평동)을 따서 상생국민학교가 되었다. 이 시기에는 교육열도 많이 상승하였고, 학생들의 상급학교 진학도 두드러지게 증가하면서 전주에서는 제일 규모가 큰 학교였다.

그런데 이 무렵에는 일제의 태평양전쟁으로 인하여 모든 교육과정이 전시 체제화하여 교육보국 달성을 위한 전쟁수행의 일환으로 이루어졌다. 학생이나 선생이나 머리는 민둥머리로 박박 깎고 옷은 간따꾸로 차려 입게 하였고, 일본어를 상용화하는 국어상용의 의무화, 교육칙어, 황국신민서사 암송, 군가보급 등이 강조되었다. 이러한 와중에 가장 심한 일로는 지금까지도 그 후유증이 남아 있는 것으로 상급학년 여학생들을 설득 독려하여 정신대로 나가도록 한 것이었다. 전주에서 초등생 정신대 소녀가 가장 많은 곳도 이 학교였다. 나중에는 여자반을 풍남국민학교라는 신설학교를 설립하고 여학생 전용 대단위 교육을 하기도 하였다.

사카키바라노보루(榊原昇) 교장과 아이오이코쿠밍각코오(相生公立國民學校)

1935년에 사카키바라 노보루 교장이 부임하여 왔는데, 그는 교육계의 유명인이었기 때문에 전주에서 제일 큰 학교인 상생국민학

교(지금 전주초교) 교장으로 온 것이다. 매일 아침 8시면 출근하여 학교를 살피고 직원조회를 주관하였고, 아침 운동장 조례를 하면서 일제의 시국 사조에 적극적으로 동참케 하였다. 사카키바라 교장은 교직원 전원을 두 명씩 조를 짜서 가정 방문을 하게 하였는데, 특히 5, 6학년 여학생의 집에 가서는 학생 본인과 그 부모를 설득하여 "정신대 보내기"에 열을 올렸고, 애국반 운영도 최고였다고 한다. 그러나 교육적으로는 상당한 선견도 있는 지식의 소유자였다. 전라북도를 대표하는 인물이었으니 그럴 듯도 하다. 열성적으로 교육을 잘하기도 하였지만 일제의 전쟁몰이에 가장 앞에 선 선봉이기도 하였다. 아침조례가 끝나면 군가와 행진곡이 스피커를 울려 나왔고 점심시간에도 마찬가지였다. 그런데 이상하게도 꼭 일정한 노래 〈우미노 신군 : 海の進軍〉이란 노래를 틀었다.

※ 다음은 아침조회 식순이다.

① 도열 인사
② 궁성요배
③ 봉안전 예배
④ 황국신민서사제송
⑤ 전주신사요배
⑥ 건국체조
⑦ 학교장훈화
⑧ 간호당번주의
⑨ 교실로 행진(주악)

⑩ 군가 계속 연주

海の進軍

作詩 海老沼正男　　作曲 古関裕次　　昭和16年

1　あの日揚がった　Z(ゼット)旗を
父が仰いだ　波の上
今日はその子が　その孫が
強く雄雄しい　血を継いで
八重の潮路を　越へるのだ

2　菊の御紋の　かげうつす
固い護りの　太平洋
海の男の　生甲斐は
沖の夕陽に　撃滅の
敵のマストを　夢に見る

3　御稜威(みいつ)輝く　大空に
意気に羽ばたく　海鷲が
描く制覇の　勇ましさ

僚友(とも)よ七度(ななたび)　生きかはり
波に勲を　咲かさうぞ

4　海へ海へと　燃えあがる
大和魂　しっかりと
胸に抱いて　波千里

사카키바라 교장은 또한 당시에 쉽지 않은 전라북도 학무국 학무과 시학(視學, 장학사)을 겸하고 있어 그 힘이 막강하였다. 그리고 앞서 말한 바대로 1938년에 전주상생초등학교의 여학생만을 따로 떼어 여자부로 두었다가, 현재의 풍남초등학교 자리로 옮겨서 여자 초등학교를 최초로 만든 사람이다. 당시 교명 전주풍남공립국민학교로 전북 최초의 여자 초등학교이다.

전주초등(相生公立國民)학교 교직원 명단

학교장 훈도 = 榊原 昇

훈도 : 河泰雄, 幸城茂, 仁村太洋, 德田光子, 國本明江, 吉尾祚, 星誠一, 米本廣之, 井藤國夫, 阪元シゲ子´ 東宮觀, 望月恒利, 新川鳳連, 三浦準, 金森隆, 城山勇一, 東全子, 龜田外代子, 平文貞烈, 大島福允, 松本憲太,

柳村吉信, 金城康隆, 三州潤子, 緖方フミ子, 海原澄子, 黑石敏子

이상과 같이 28명의 교원이 근무하는 대단위 학교였다.

창가 시간

2) 완산초등학교(전주 제2보통학교)

사립학교가 모여 제2보통학교로

시대적으로는 완산이 전주초등학교보다 먼저 생겼지만, 이는 개인이 운영하는 사립학교로 시작되어 연대가 불확실하고, 제도와 체제가 불확실한 형태라서 최초의 근대식학교라 하기엔 무리가 있다. 처음에 이 학교는 사설(사립)의 숭덕崇德학교, 함육涵育학교, 양영養英학교, 유치幼稚학교의 네 군데의 사설학교가 통합하여 전주보통학교에 대응하는 전주 제2보통학교로 설치되었다. 이 전주 제2보통학교는 1935년 전주사범학교 설립과 더불어 그 협력학교로서의 역할을 수행하였다.

이 학교는 조선인 교육보급과 교육일반화(의무 취학과 같은)를 장려하기 위한 학교였다. 이 학교 주변이 전주의 하층계급 서민들의 밀집지역이고, 전주 장(시장), 유명한 싸움터인 다리 밑의 우범적 환경, 그리고 천주교 순교복자 순교의 터이며, 죄인을 참수하는 등 초록바위 전설 등으로 사람들이 매우 꺼리는 곳이었고, 일본인이나 양반층은 상대하지 않았던 곳이다. 중류이상의 사람들은 이곳에 사는 사람들에게 존댓말을 쓰지 않았다. 그런 까닭으로 열악한 주변 환경에다가 밤낮으로 시장바닥과 다리 주위에는 싸움이 그칠 날이 없었다. 이 학교의 교직원과 학생들은 고생이 많았다. 또한 여건이 이러하니 시골에서 올라와 하숙하는 당시 중학생이나, 교원들의 하숙방이 많이 모여 있는 관계로 좋은 점도 있지만, 요즘으로 말하면 학교폭력의 주인공인 불량 깡패 학생이 많이 모여들었다. 전주고보생 이 모, 사범학교 최 모 씨 등이 순사와 싸운 사건도 여기에서 일어났다.

(3) 일본인 전용 초등학교인 전주국민학교와 사립 해성심상소학교

전주에 일본인이 군산과 같이 많이 거주한 것은 아니었으나, 도청소재지이고 각급 기관이 도내에서는 가장 많이 들어서 있어, 그들 거류민의 자제를 위한 학교가 생겼다. 대규모의 학교가 아니었기 때문에 일본인 중학교인 전주중학교 구내에 병치하여 운영하였는데, 전주에 거류민이 많지 않다 하여도 전술한 바대로 도 소재지이고 자녀들의 교육을 타 도시보다 잘 하려는 의도에서 충실한 학교를 운영하였다. 기린봉아래 노송정 지금의 전주제일고등학교 자리에 일본인 전용 중학교인 전주중학교와 함께 일본인 자제의 초등교육을 행하는 곳이 이곳이었다.

전주국민학교(全州公立國民學校, 없어진 학교)　교직원명단

교장 훈도 吉田猛雄

훈도 : 山田貞利, 酒匂精義, 堀池宗彦, 折坂敏夫, 八木千秋,
　　　大島泰助, 村山 上,

長崎忠頼, 末宗房雄, 松本智惠子, 島田正雄, 緒方アヤ子, 古賀茂春, 末延不二雄, 久野六彌, 酒匂かほる´ 平山スミエ´ 大森省吾, 幸田いよ子, 龍頭キミエ, 平春和子, 松波フミ

이상 23명의 교원이 있었다.

사립 초등학교의 탄생 해성소학교

해성심상소학교, 그리고 해성국민학교로 교명이 바뀌어간 전주 유일의 사립초등학교인 해성심상소학교가 설립자 이춘화 선생에 의하여 설치되었다. 이 학교는 해방 후 성심여자중·고등학교와 해성중고교의 모체가 되었다.

2) 중학교

(1) 신흥학교와 기전여학교

조용한 은자의 고장 전주에도 개화의 바람이 불기 시작하였다. 그 물꼬를 튼 것은 역시 서양 선교사들이었다. 이 고장 개화의 물결은 먼저 군산에서 시작하여 전주로 곧바로 이어졌다. 미국 남장로교 선교부에서 파송한 세 사람 테이트(Tate L.B), 전킨(Junckin Mc Cleery), 레이놀즈 (Raynolds W.B) 이렇게 3인의 선교사가 내전하여 1898∼1900년을 전후하여 비형식적인 요건 하에서 성서읽기 운동과 종교의 보급, 그리고 미국 알리기, 또는 서양의 글가르치기 등이 때와 장소의 구분없이 방문 형태로 상당기간 지속적으로 이루어지게 되었다. 그러니까 초, 중등의 구별도 없고, 남녀노소의 구별도 없는 그야말로 복합 복식의 방문 학교교육으로 오늘날의 홈스쿨링 형태의 교육을 행하였다.

1899년부터 선교사들은 업무를 분담케 하였는데, 테이트 선교사가 제일 먼저 여자 성경연구회 형식으로 개인의 사택에서 시작하였고, 주로 야간에 여자들이 모여 성경공부를 하는 형식이었다. 이것이 후일 한일여자신학, 한일신학교 그리고 현재의 한일장신대학교로 발전하였고 현 기전대학 학장으로 있던 강택현姜擇鉉 씨가 전주영생대학을 졸업하고 교장, 총장직을 수행하였다.

다음은 기전여학교로 상술한 전킨 여사에 의하여 시작된 여자학교이다. 이 역시 처음에는 돌아다니며 방문하는 성경보급이었으나, 제일 먼저 보통학교(초등학교) 정도를 마친 중등정도의 학교로 문을 열었다.

세 번째가 신흥학교이다. 이 학교도 앞의 두 학교와 비슷하게 시작하여 보통학교 졸업 정도의 남자들을 대상으로 가르쳤지만, 실은 초·중등의 구별이 없이 보통반, 중등반의 복합교육을 하였다. 따라서 신흥학교는 폐교될때 까지도 초·중등의 구분없이 그룹별 반 조별로 초·중등교육을 실시한 신흥중학교나 신흥고보가 아닌 신흥학교였다.

신흥학교 본관과 강당

기전여학교를 담당한 전킨 선교사가 전주에서 선교활동을 하면서 집집마다 방문하였을 때, 그 시대에는 머리를 길게 땋고 댕기를 드린 아가씨들이 절구질을 하거나 집안일을 하다가 서양여자가 나타나면 숨어버렸다. 모두들 서양 "불여우가 왔다." 하면서 도망가는 것이다.

총독부의 지정학교 표시. 즉 학교로 지정한다는 뜻이다.

그래서 애를 먹었고, 결국은 말을 좀 듣는 완산동 전주천 다리 부근의 걸인 수준의 아이나 이 지역 천민 아이들이 쉽게 끌리어 들었다. 이런 입학 행태는 해방 후에도 한국전쟁 즈음하여 주로 보육원의 고아들이 많이 다니는 현상을 만들기도 하였다.

그 활동 현황을 간략히 표시하면 다음과 같다.

※ 테이트 선교사 → 성경독서회－X－한일여자신학(1960년경) →한일신학(1970년경) → 현 한일장신대학교(현재)

※ 전킨 선교사 → 기전여학교 → 기전여중 · 고 · 대(현재)

1922년 여고보에 준하는 비인가 지정指定학교

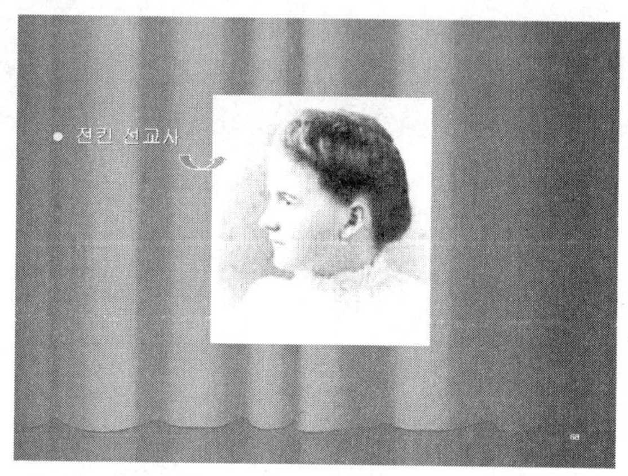

기전여학교 수학여행

* 레이놀드(이눌서) 선교사 → 신흥학교 → 현재의 신흥중 · 고

(2) 공립중학교

전술한 대로 전주에는 선교사들에 의하여 설립된 성경독서회, 기전여학교, 신흥학교가 개화기에 설치되어 구식교육만 받다가 신식교육의 혜택을 받게 되었다. 다시 말해서 신식 공립학교가 생기기 전에는 신흥과 기전만이 유일한 신식교육의 장소가 되었기 때문에 유일하게 이 고장의 근대식의 서구화된 민주교육을 받을 수 있었다. 당시에 이 시대의 선각자들이 다녔기 때문에 그 명성도 전국적으로 퍼져나갔다. 평양의 대성학교, 정주의 오산학교와 같은 민족주의 교육의 기관은 아니었지만, 일제강점기 중기에는 일본의 탄압이 심해지자, 국권회복을 교육으로, 또한 장기적으로 실현하려는 움직임이 거세지고, 기존의 기독교 선교계의 학교들도

신사참배 거부 등의 반일 배일사상이 싹이 트기 시작하자 점차, 신흥이나 기전여학교도 민족주의 정신을 배양하는 요즘으로 치면 반체제적 학교 즉, 불영선인(不逞鮮人 : 후테이센징)을 교육하는 곳으로 지목받게 되었다. 이런 연유로 하여 당시 자긍심 있는 조선인 사이에서는 뜻있는 자들이 많이 모여들었고, 일제 교육을 받기 싫어하는 애국학생들이 모여들어 그 명성이 일제강점기 중기까지 전국에 자자하였다.

이와 같은 때에 일제는, 이를 격멸키라도 하듯이 적시에 공립학교를 설치하기 시작하였다. 일제가 설립한 공립학교는 학교의 체제가 잘 정비된 정식 중학교(일본인)와 고등보통학교(한국인), 그리고 여학생을 입학시키는 고등여학교(일본인), 여자고등보통학교(한국인), 그리고 실업학교로 농업학교, 공업간이(보습)학교, 실천여학교와 관립의 사범학교를 두루 설치하게 되니 종래의 신흥, 기전 등은 위상이 약화 되어갔고 상급학교 정식 진학이 어려워지게 되자 기피현상도 일어났지만, 급기야는 신사참배거부 등을 구실삼아 폐교까지 당하게 되어 신흥학생은 공립인 고창중학교로, 기전 학생은 전주여자고등보통학교(현 전주여자고등학교)로 편입시킴으로 눈물을 머금고 학교를 옮겨가게 되었다(졸업생에게는 결과적으로는 더 좋았지만).

일제가 설립한 공립학교는 관립 1개교로 전주사범학교(日鮮공학, 현 교육대학교)와 공립중학교 4개교로 전주중, 전주고보, 전주고녀, 전북고녀의 네 곳이었다. 그 내용은 다음과 같다.

1. 전주중학교(일본인 전용 남자중학교)로 후에 남공립중학교 그리고 해방 이후, 남중과 상고로 분리되었다가 현재의 전주 제일고등학교이다.

※ 전주중(南중)학교 교직원 명단

이 학교는 일본인 자제의 전용 중학교이다.

교장 교유 = 近藤鍗四郎,

교유 = 安田矯助, 諸留 寬, 田崎 半, 濱 尙, 三好嚴一郎, 小幡信一郎, 田中正美, 平野拾吉, 尾野 功, 松浦春治, 土井 淳, 石田正一, 大澤收藏, 上田紀雄, 山下稔夫

2. 전주고등보통학교(한국인 남자중학교)이며, 후에 일선 공학(일본인과 동등대우라는 뜻의 日鮮共學)으로 중학교 칭호를 붙인 북공립중학교라 하였고, 현재의 노송동 자리에 그대로의 전주고등학교이다.

중학교 명칭이 있는 정규학교

※ 북중학교 교직원

이 학교는 한국인 전용 교육기관이기 때문에 처음에는 중학교가 아닌 고등보통학교로 전주고보高等普通라 하였으나, 일제말 일선공학日鮮共學에 따라 일본과 동등한 중학교가 되었다.

교장 教諭 = 森 廣美

교유 = 植田 亘, 山田大五郎, 末永隆定, 豊福 毅, 山田萬二, 森本仁平, 柴崎弘平, 松岡茂夫, 大迫末吉, 和田 晃, 藤崎一隆, 吉野 直, 宇野金次郎, 野田三郎, 增田善雄, 岡本保英, 鳥塚元儀, 岩崎繁治,

여자 정규학교의 설치

3. 전주고등여학교(일본인 여중)라는 이름으로 노송동 성황대 현 리베라 아울렛 자리에 설립하였다. 이 학교는 전주에 거주하는 일본인 자제 여학생들을 수용하는 학교였다. 한국인 여학생은 원칙적으로 입학이 불가능하였고, 도지사의 허가를 받아 친일 성향이 있는 한국인이 한두 명 다닐 정도였다. 따라서 해방 후에는 친일학교라 하여 중학교인 전주여자중학교로 격하시켰다가 명문교 폐교 방침으로 없어지게 되었다. 이와는 별도이지만, 없어진 연유를 설명하기 위하여 설립한 것이 대응학교로 현재의 전일여자중학교이다.

교장 = 교유 藤田 巖

교유 = 田辺種吉, 財前 學, 直井誠一, 古山又雄, 島田 博, 福島秋太, 松本美和子, 丸山直榮, 山中信子, 石垣三重子, 末延正雄

4. 전주여자고등보통학교(한국인 여중), 그리고 이름을 바꾼 전북고등여학교인 현재의 전주여자고등학교가 설립 되다.

한국인 전용 여자중학교로 처음에는 여자高普로 일본인학교와 차등을 두었으나, 역시 그 후, 일선공학의 방침에 의거 여자중학교인 고등여학교로 전주고녀와 나란히 노송동 현재의 리베라 아울렛 자리 남쪽 방향 리베라 호텔과 거의 연결될 쯤의 자리에 설립하였다. 한국인 전용학교라는 자부심이 해방 후에까지도 영향을 주어 해방 후, 학교의 격을 전주고녀처럼 내리지 않고 격상하여 고등학교가 된 전주여자고등학교로, 현재의 인후동은 교사만 옮겼을 뿐, 그 유훈을 고스란히 전해받은 학교이다.

학교장 = 교유 平春眞一郎,

교유 = 松永西淳, 纓坂 巖, 大津逸次, 海田巖夫, 菊山東玉, 豊田仲市, 三橋龍美, 河西博文, 明石祥吾, 折坂きみ, 豊原 實

5. 실업학교

실업학교로는 유일한 공립실업학교인 전주농업학교(학교장 교유 = 增村嘉門 외 교유 13인) 1개교가 인후동 현재의 위치에 설립

되었다. 현재의 전주도립농업학교라 하였다가 공립전주농업학교 그리고 해방 이후 전주농업고등학교로 현재는 전주생명과학고등학교라는 명칭이 붙게 되었다.

일제강점기 전주농업학교 학생활동(上)과 교직원 학생들의 모습(下)

총독부의 농공병진이라는 실업교육 육성방침에 따라 설립된 중견 농업기능인을 양성하는 중등 완성교육기관이었다. 실업 완성교육기관이라서 상급학교 진학은 어려우나, 동일계 고등학교로 수원고등농림학교의 진학이 가능하지만 실제 진학자는 한 명도 없었다. 도내에는 익산에 이리농림학교, 정읍에 정읍농업학교, 남원에 남원농업학교의 3개 정식 중등학교가 있었지만 상급학교 진학자를 배출한 곳은 이리농림학교였다. 3개 정규 중등학교 외에 당시 전라북도 금산에 금산농사학교, 옥구에 옥구농사학교, 옥구군 미면 간척지에 불이(不二 : 후지 즉 동양척식과 불이흥업이 개간한 간척지)농사학교, 척식농사학교 등의 간이보습학교가 있었다.

6. 공립간이학교 1개교 ☞ 전주공업보습학교-공업전수학교-공업중학교→현 전주공고

※ 따라서 이 시대 유일의 인문계 중학교로 전주고보(5년제) → 북공립중(5~6년제) → 북학교 (중고분리) → 현 전주고등학교, 당시 공립 한국인 학교와 일본인 전용 인문계 중학교로는 전주공립중학교 → 전주중 → 남중, 상고 → 현 남중, 제일고등학교가 있었다.

한국인 여자학교인 현 전주여고는 전북여고보(3년제) → 전북고녀(4년제) → 전주여중(6년제) → 전주여고(3년제 현재)로 이어졌다.

한국인 여중생(전북고녀생들)

(4) 일본인 여자중학교

전주고등여학교(3년) → 전주공립여자중학교(4년) → 전주여자중

학교(3년) → 없어짐 즉, 전주고녀 → 전주여중 → 폐교로 이어진다.

폐교전 까지 남 노송동과 경원동의 경계지역인 성황대에 있었던 전주여중(일제강점기 일본인만의 여학교이다.)은 그나마 1960년경에 큰불이 나 서류 한 장 없이 모두 소실되었다.

일본인 전용 여자중학교(전주고녀이며, 해방 후 구 전주여중이다. 그러나 화재로 전면 소실)

3) 전주의 공립초등학교

(1) 공립 한국인 초등학교

1. 전라북도관립소학교 → 전북공립소학교 → 전주보통학교 → 전주제일보통학교 → 상생공립심상소학교 → 상생공립초등학교 → 전주초등학교 → 현 전주초교
2. 사립의 숭덕, 함육, 양영, 유치학교→공립으로 되어 전주제2

보통학교 → 완산공립

완산공립심상소와 사범부속의 2분화 → 현 전주교대 전주초교와 군산초교로 분리

3. 전주보통학교의 여자부 분리 → 풍남공립국(여학생전용)으로 → 풍남국(해방 후부터 남녀 공학) → 현 풍남초교
4. 전주서신공립국 → 서신국 → 현 서신초

(2) 공립 일본인 초등학교

일인 자제를 수용하던 유일한 전주심상소학교는 전주중학교에 설치되었는데 후에 명칭을 전시체제에 맞추어 전주국민학교라 하였다가 해방 후 일본인이 물러가자 자연히 없어지게 되었다.

(3) 사립초등학교 한국인 학교 1교

전술의 해성심상소학교가 해성국민학교로 되었다가 해방 후 성심여자중 · 고등학교와 해성중 · 고등학교로 거듭 탄생하였다.

4) 사범학교

도립사범으로 시작하여 1~2년의 특과와 강습과를 통하여 이 지역 교원을 양성하던 전주사범은 서울, 대구, 평양에 이어 1935년 5년제의 심상과를 두고, 호남지역 초등교원 양성의 중추적 역할을 담당하기 시작하였다. 전주시 동서학동(당시의 아케보노마

치, 曙町) 지금의 전주교육대학 자리이다.

1939년 당시 교직원

교장 = 對馬助三

教諭 = 森原義章, 卜澤 廣, 村上一男, 河內山 壹, 小野志眞男, 小林後直, 瓜生二成, 玉置英次, 中井英雄, 宇都宮滿, 田中武文, 加治屋精一, 坂村 昂, 萩谷淸志, 田中康介,

訓導= 倉田壽, 新川 忠, 久野大二, 村松祐男, 熊澤藤一, 永田良光, 山本 實, 伊東正明, 藤木孝三, 仲 志誠, 中村悌次郎, 管沼義重, 飯田 彬, 石丸 元, 河原正義, 宇都裏治, 書記= 笹村 繁, 丸山重雄

8. 전매청과 종방 이야기

1) 전주전매국의 출범

1921년 조선 연초 전매령에 의하여 고사동의 동아연초(주)를 총독부가 매입하여 전주전매지국을 설립하였다. 다음 1936년에는 전주지방전매국이 되고, 1938년에 상생정(태평동)의 부지를 확보 가동하였다. 이것은 경성지방전매국 다음으로 설립된 우리나라 최대 규모이다. 1931년에서부터 판매소(전매서)를 두었으며, 이 시설은 전매청이 신탄진으로 이관되기까지 가동 생산된 충청, 호남, 제주지역을 포용하는 거대한 거점 공장으로 발전하였다.

1938년 당시 남자 공원 228명, 여자 공원 447명 합계 675명으로 종방과 함께 전주 제일의 직장인 종사자를 거느린 곳이었다. 해방 후까지도 전주 사람 세 집 건너 한 집은 전매청 직원이 있을 정도의 전주 생활권을 붙잡는 직장이 되었다. 그렇게 직원이 많기도 하지만, 당시 시민의 생활수준이 어렵다 보니 별의별 일화를 많이 남긴 곳이기도 하였다. 직원 대부분이 직접 생산에 종사하다 보니 여러 방법을 동원하여 담배를 숨겨가지고 나오는 진풍경이 많았다. 정문에서는 철저히 감시 검색을 하였지만 교묘한 수법에는 도리 없는 경우도 많았다고 한다. 또한 전매청의 보수라는 것이 타 직장보다 크게 낮은 수준이어서 이와 같은 불미스런 행태가 더 많았을 것으로 보였다 할 수도 있다. 일례를 들면 치마 속이나 가슴에 여공들이 숨겨가지고 나오는 경우라 하겠다.

2) 일제강점기 전매국

(1) 행정청 → 총독부

(2) 지방 전매국

가) 경성지방전매국(서울 경기 지역을 총괄함)

나) 전주지방전매국(서울 경기를 제외한, 전남북 경남북, 제주도 지금의 한국 총괄)

다) 평양지방 전매국(지금의 북한 지역 총괄함)

후지 담배

미도리 담배(저급)

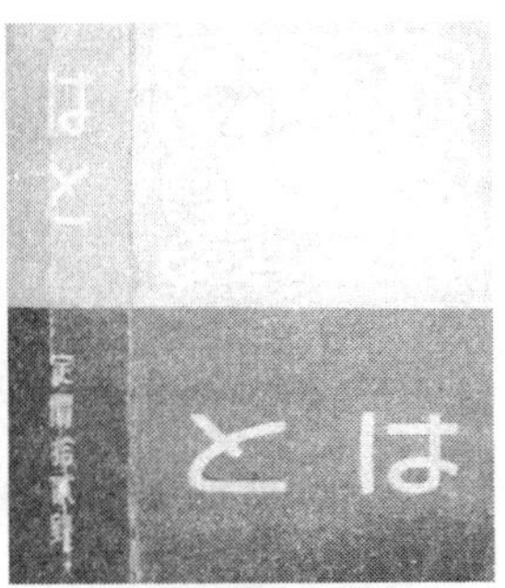

하또(삐죵 : 고급)

전주지방 전매국 직원 명단

局長 事務官(勅任待遇) 景山宜景

庶務課長 副事務官 園田 薰

販賣課長 鶴岡十九三

道技士 美代淸滋

收納課長 立石貞助

製造課長 宮崎開吉

專賣醫 黑田聖吉

屬(일반직원 3등급~10등급)

淸 敏政, 安田喜久男, 森 友誠, 片山 保, 木村 寶, 松原成美, 西田 鼎, 濱砂恒男, 金森秀一, 淸水 稔, 池田不二男, 小吉壯二, 川邊竹一, 澤口權盛, 島田晉一, 帆足恒明, 木村正雄, 信原英三, 池田 茂, 山下正之, 臼杵義生, 李昌周, 植田善重, 水城政藤, 北野全榮, 山仲 林, 小山公夫, 藤崎義治, 國分敏辰, 竹廣敏男, 伊勢田 基, 山崎萬治, 向山幸吉, 村岡 肇, 松崎健猪, 田中 登, 前原才助, 須階幸作, 衛藤公亮, 遠藤繁雄, 西野武雄, 金澤豊宗, 鈴木仲太郎, 安浦永敏, 益子 忠, 菅野忠雄, 三好昨松, 前島俊行, 草野琢磨, 伊藤重男, 中江四郎, 鈴木四四郎, 今井一美, 原田 淸, 吉富三男, 桂 八百二, 岩村正俊, 小川千尋

藥劑師= 樋口 徹

이상 조선총독부 국가공무원으로 전주전매국 정규직원이며, 동지방 판매소 정규공무원 및 임시직원과 공원명단은 생략하였음.

3) 종방(鐘紡) 이야기 Kanebo K.K.

(1) 종연방적주식회사(鐘淵紡績株式會社) 전주공장

가네보鐘紡 자리

"역사도 유구한
호남의 웅도
풍패豊沛에 흐르는 물
구슬은 맑아
바람도 향기로운
진북의 하늘…"

구름재 박병순 님의
공업학교 노래는

숲정이
진북의
이 대지를

전주 평야의 1번지로
나타낸 노래다.

그 자리
중심을 번듯이
자리 닦고 차지한
鐘淵紡績株式會社
全州工場

이니셜을 딴
종방鐘紡은

한 시대
세계에 자랑한
동양 제일의
방직공장

그 울타리에서
생활을 부지한
전주 사람
얼마였던가.

수많은
일화 남긴 그곳
이제는 간데없고

시대 따라
아파트 동네 되어
상전벽해桑田碧海이루었네.

종연방적鐘淵紡績(株) : 가네미 보세키 즉, 종방은 일본의 재벌 대기업 중의 하나인 가네보(Kanebo)이다. 일본은 식산 장려의 일환과 저렴한 노동력에 의한 생산으로 제국주의의 부력 팽창을 꾀하여 동양척식과 함께 식산 부흥을 일으켜, 대륙침략의 경제적 발판으로 삼으려는 큰 포부에서 시작된다. 또 하나는 당시 일본에서 제일 먼저 생산 수단으로 발달한 섬유공업의 확대였다. 일본은 명치 초기부터 가내수공업 형태로 견사 생산을 시작하였고, 오사카 후쿠오카 등을 중심으로 섬유공장이 발달하였다. 지금도 후쿠오카의 오비帶, 즉 기모노의 腹帶, 니시칭西陣은 아주 유명하다. 그리고 일본 의복의 중심이 견직이었기 때문이다.

본사를 일본에 두고, 각지에 현지 공장을 건설하였는데, 전주의 경우, 종방 계열인 조선방적주식회사 전주공장으로 출발하였다. 이곳에서는 지금으로 말하면 수많은 하청업체인 소형의 부대 공장과 가내 수공까지를 거느리고, 각 도급 업체의 생산물을 가공 집산

하였는데, 주로 정견 해사 직조를 하여 일본 내의 수요와 수출에 충당하였다.

대표적인 하도급, 혹은 제휴업체로는 가타쿠라片倉 제사 전주공장 제사소, 전북제사 전주 공장, 호남잠종 등을 거느리고 있었다. 그 밖에 군소 섬유업체 수십 개소가 있었다. 이곳의 정확한 직원 수 통계는 어렵지만 어림잡아 2,000여 명에 달한다고 본다. 지금은 삼양사 전주공장이 그 핵심 업체인 조선방적 전주공장을 해방 후 그대로 적산으로 인수하여 일제강점기의 그 건물, 그 시설, 그 방법을 그대로 사용하여 가동하였으며, 사람까지도 그 곳에서 일본인으로부터 전수받은 인력이 투입되었던 것이다. 지금까지도 일본 기술이 90퍼센트를 이루며, 해방 후 달라진 것은 정견뿐 아니라 비스코스 인견사, 인조 견사, 화섬, 혼방사 등을 생산하는 것일 뿐이며, 공장기계 시설이나 기술은 일본, 다음 독일 순으로 달라졌고 최근에 자동화시스템, 전산화 작업 등이 이뤄졌고, 삼양사의 확장은 여타 식품산업 등에 확대 확장되었다.

삼양사의 설립자는 창업주라 부르는 수당秀堂 김연수金秊洙이다. 김연수(1896∼1979)의 본관은 울산이며, 아명은 판흥判興이고 호는 수당秀堂이다. 전라북도 고부군 부안면 인촌리(현 고창군 부안면 봉암리)에서 김경중金暻中과 장흥고씨長興 高氏 사이의 십남매 중 일곱째로 태어났다. 어려서부터 한학漢學을 배우기 시작하였고, 고향에서 영신학교(현 줄포초등학교)를 마친 뒤 15세에 박씨부인(朴氏婦人, 朴鳳柱의 女, 夏珍)과 결혼하였다. 위로 4명의 형이 있었으나 3명은 어려서 세상을 떠났고, 바로 위의 형인 인촌仁村 김성수金性洙도 후사가 없는 큰아버지 원파圓坡 김기중金祺中의 양자로 들어가는 바람에 맏아들이 되었다

5세 위의 인촌과는 달리 그는 어려서부터 말수가 적고 속이 깊은 아이였다고 한다. 그러면서도 일본유학 시절 자신은 헌 교복을 입고 어려운 친구들에게 학비를 나눠줄 만큼 남다른 데가 있었다.

그는 세살부터 집에 차린 서당에서 한학을 배웠다. 당시 이 서당에는 인촌과 근촌芹村 백관수가 함께 다녔다. 1907년에는 집을 줄포로 옮겼고 그곳에서 큰아버지가 세운 영신학교(줄포초등학교 전신)에 들어갔다. 1910년 두 살 위인 박하진과 결혼하고 이듬해 일본 유학길에 올랐다. 아사부麻布중학교 교토京都 제3高를 거쳐 1921년 명문 교토제국대학 경제학부를 한국인 최초로 졸업했다. 그리고 유학길에 오른 지 10년 만에 귀국했다.

귀국한 그는 26세 되던 이듬해, 형 인촌이 설립해 놓은 경성직유京城織紐 전무와 경성방직京城紡織 상무를 맡아 회사경영에 참여했다. 경성직유는 삼성표三星標 모포를 생산했고, 경성방직은 광목을 생산하는 회사였다. 당시 인촌은 이들 공장 외에도 동아일보를 창간하는 등 활발한 사회활동을 벌이던 참이었다.

1922년 일본으로 건너가 고무공장을 둘러본 뒤 경성직유 공장에 생산시설을 갖추었다. 여기서 '별'표 고무신이 탄생했다. 이 고무신은 '품질 6개월 보증판매제'를 실시하여 대중 속에 파고들었다. 경성방직도 시설을 새로 갖추고 '태극성'표 광목을 생산했다.

이때 생산한 제품은 일본 등에서 수입된 광목에 비해 질이 크게 떨어졌으나 마침 일기 시작한 물산장려운동에 힘입어 잘 팔려 나갔다. 나중에는 '不老草'라는 새로운 광목을 생산하여 만주와 중국에까지 판로를 넓혀 나갔다.

1924년 10월 그는 삼수사三水社를 설립하고, 농업경영에도 착수했다. 초근목피로 연명하는 소작농들을 집단으로 이주시켜 대규모 농장을 조성하는 일이었다. 맨 먼저 시작한 사업은 장성농장 개설이었다. 여기서 그는 모범농촌만들기 운동을 전개했다. 가난에 찌든 농민들은 술과 노름으로 세월을 보내고 있었던 때였다. 그러한 농민들을 독려해 일곱 가지 항목을 실천시켰다. 즉 술 안 마시기, 노름 안하기, 가마니 5백 장 치기, 내 집 주위 내가 청소하기, 퇴비 많이 만들기, 농사일 서로 돕기, 남자 20세 전에 장가 안 들기 등이 그것이다. 이 운동이 효과를 거두면서 농장은 점차 제자리를 잡아갔고 부안 줄포농장, 고창농장, 신태인농장, 명고농장, 법성포농장, 영광농장 등 호남지역 대규모 농장들이 들어섰다.

그는 1931년 삼수사를 삼양사로 이름을 바꾸었다. 그리고 간척사업에 착수했다. 전남 함평군 손불면 일대 갯벌을 매립, 악전고투 끝에 4백 정보의 농장을 개척했다. 이어 조선총독부의 권유로 고창군 해리면과 심원면 일대를 매립해 730정보의 땅을 얻었다. 이곳에 농민들을 이주시켜 농사를 짓게 했다. 이 무렵 그는 인촌이 중앙학교와 보성전문(고려대 전신)을 인수하는 데 재산을 출연해 도왔다. 또한 은행과 광산업에도 손을 대었다.

김연수는 1936년 일찍부터 꿈꾸어왔던 만주滿洲 진출을 위해 봉천奉天에 '만주 삼양사' 현판식을 갖고 본격적으로 사업에 뛰어들었다. 당시 만주는 일제의 탄압을 피해 들어온 우리 농민들과 독립운동가들의 거점지역이었다. 이곳에서 그는 천일농장, 반석농장, 매하농장, 교하농장, 구대농장 등을 개설하고 우리 농민들을 정착시켰다. 1939년에는 봉천 근교에 우리나라 최초의 해외현지공장인 남만방적南滿紡績을 세웠다. 이곳 공장에는 학교를 두었으며 직원이 8백 명을 넘었다. 또 산림개간을 위해 삼척기업을 인수하고 맥주회사인 오리엔탈 비어를 운영하기도 했다. 만주와 중국에서 그의 사업은 활발 광대하게 뻗어갔으나 8 · 15 해방으로 무위가 되었다.[12)]

(2) 김성수 김연수 가계 혈맥 형성도

김성수, 김연수 가家는 우리나라의 대표적인 명문가이다. 이제 그 얽혀진 혈맥을 도표로 살펴보자.

---

12) 20 C. 전북 50인 참조.

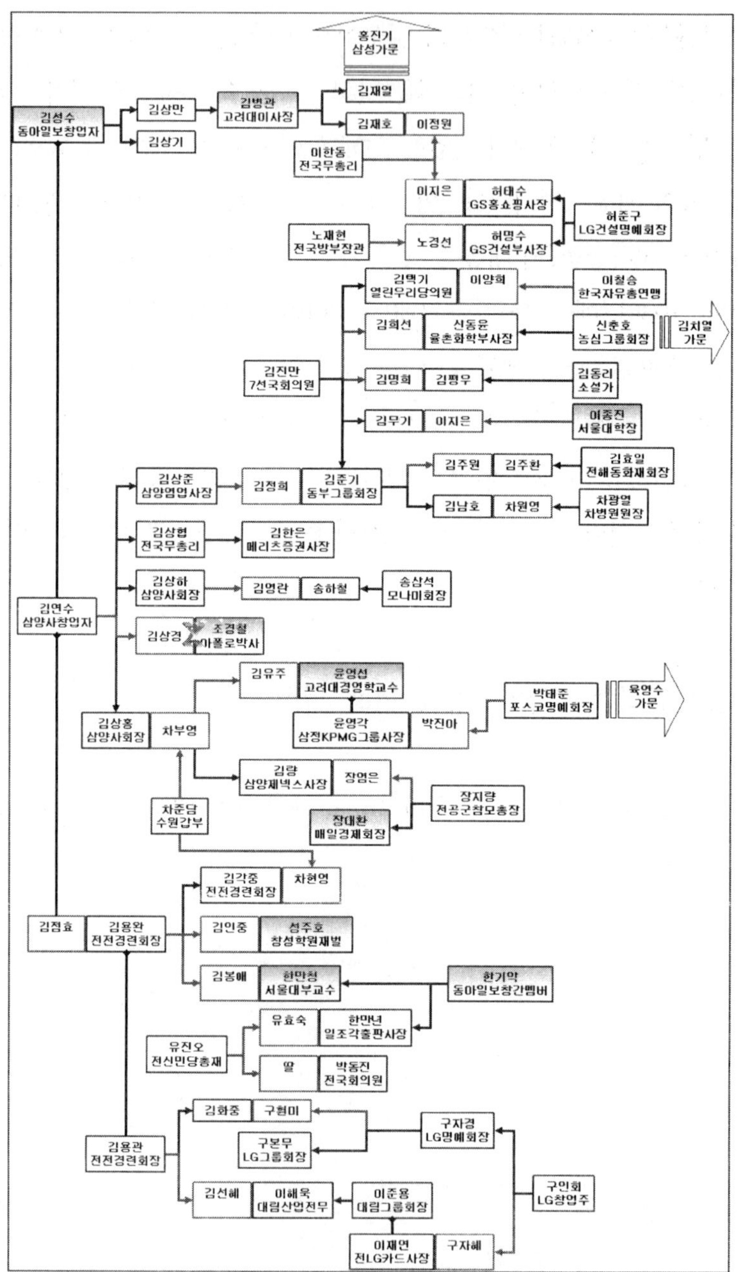
홍진기
삼성가문
김성수
동아일보창업자
김상만
김상기
김병관
고려대이사장
김재열
김재호
이정원
이한동
전국무총리
이지은
허태수
GS홈쇼핑사장
허준구
LG건설명예회장
노재현
전국방부장관
노경선
허명수
GS건설부사장
김택기
열린우리당의원
이양희
이철승
한국자유총연맹
김희선
신동윤
율촌화학부사장
신춘호
농심그룹회장
김치열
가문
김진만
7선국회의원
김명희
김평우
김동리
소설가
김무기
이지은
이종진
서울대학장
김상준
삼양염업사장
김정희
김준기
동부그룹회장
김주원
김주환
김효일
전해동화재회장
김남호
차원영
차광열
차병원원장
김상협
전국무총리
김한은
메리츠증권사장
김상하
삼양사회장
김영란
송하철
송삼석
모나미회장
김연수
삼양사창업자
김상경
조경철
아폴로박사
김유주
윤영섭
고려대경영학교수
박태준
포스코명예회장
육영수
가문
김상홍
삼양사회장
차부영
윤영각
삼정KPMG그룹사장
박진아
김량
삼양제넥스사장
장영은
장지량
전공군참모총장
차준담
수원갑부
장대환
매일경제회장
김각중
전전경련회장
차현영
김점효
김용완
전전경련회장
김인중
성주호
창성학원재벌
김봉애
한만청
서울대부교수
한기악
동아일보창간멤버
유효숙
한만년
일조각출판사장
유진오
전신민당총재
딸
박동진
전국회의원
김화중
구혜미
구자경
LG명예회장
구본무
LG그룹회장
김용관
전전경련회장
김선혜
이해욱
대림산업전무
이준용
대림그룹회장
구인회
LG창업주
이재연
전LG카드사장
구자혜

해방 후에도 서울 영등포구 구로동의 일본인 계열의 사카모토 보오세키(阪本紡績), 후에 (주)태창과 전주의 삼양이 가장 컸다.

일제강점기에는 전술한 바와 같이 전주에서 두 집 건너 하나는 종방 직원이라 할 정도로 많은 사람들 특히 미혼여성 공원들이 많았다. 전매국에 비해서 한 수준 높은 직장이었다. 이곳 역시 수많은 일화를 남긴 곳이다. 여공들이 젊은 여성인데다가 많은 사람이 모여 생활하는 곳이라 보고 듣는 견문이 높았다. 국내 정보나 세계정세에도 눈을 뜬 사람이 많아서 당시로는 인텔리 여성 대접을 받았다. 특히 당시에는 약간 어색한 자유연애 풍조나 유행 등에 민감한 사람이 이들 중에 많았다. 전주시내 미혼 남성들은 종방 아가씨 사귀려고 노력하는 사람이 많았다고 한다. 당시 여종업원들이 현재 생존하고 있다면 85세에서 110세 정도일 것이다. 현재 이곳은 진북동 우성아파트 단지가 되어 있다.

9. 남문거리와 전주 장날이야기

1) 남문거리 이야기

남문거리(한국인 거리) 이야기

남문을 중심으로 한 풍경 모습

전술한바와 같이 중앙동이 일본인 상점가인데 반하여 남문을 중심으로한 시장 방향은 한국인 거리이다. 그러니까 한국인 거리란 결국 사장을 중심으로한 국밥집 거리이다. 그래도 남문을 에워싼 부근은 약간 홍청대는 모습이고 시계점, 구두점, 문방구점이 있었다. 그리고 시장통에는 옷가게인데, 일제강점기에는 국방색 재건복 같은 남자용 사무복과 여자 옷 한복집, 한약종상 등이 있었다. 해방 후에는 구호물자 집산지가 되었고, 소위 미군 군복을 염색한 사아지 즈봉이며, 작업복 간따꾸(干拓)라는 당꼬즈봉 종류, 여자 우왓빠리(간단히 만든 일본 반저고리 여자 양복), 합삐(남자용) 등을 팔았고, 염색양복과 우라까이(뒤집어 만든 거)양복 등으로 염색이 유행이었다. 그리고 염색집에서는 모자세탁이라는 간판이 꼭 붙어 있었다. 주전부리로 아이들은 엿을 잘 사먹었고, 아메사탕, 미루쿠 캬라멜 등을 어른들이 선물로 잘 사주었다

나는 해방 후 1950년대 작은집에서 초등학교를 다녔는데, 작은어머니께서 집에서 기른 호박잎을 따서 "전주여중 앞 수예점 집에 갖다드리고 오너라."하는 심부름을 가끔 시키셨는데, 나의 사촌 동

생과 같이 심부름을 가면, 단정한 모습의 수예점 아주머니는 심부름 값으로 10환을 주셨다. 그 돈으로 당시 밤빵이라는 것을 사촌 동생과 사먹곤 하던 일이 있었다.

2) 전주 장날 이야기

전주는 대구나 강경 못지않은 시장으로도 명성이 있었다. 전주 장날에는 전국 사방 각처에서 몰려온 장사꾼들이 모여, 특색 있는 상거래를 하였지만, 이곳 전주에다 터를 잡고 장사를 하기 시작한 것은 약령시藥令市와 쇠전(우시장), 한지 종이, 부채 그리고 인근의 완주 지역 및 김제 정읍의 농산물이 주로 많았다.

우시장은 천변 모래밭에서 있었는데, 당시에는 제방 수축이 되어 있지 않아 교동 천변에서부터 지금의 전주교 싸전다리 아래와 매곡교까지 이어졌다. 장날은 온통 흰 옷 천지가 되었다. 남자는 두루마기 여자는 무명 흰 치마저고리의 풍경이었다. 센터가 된 지점은 역시 전주교 다리였다. 지금의 풍남문에서 전주교 가는 길은 온갖 곡식을 즐비하게 늘어놓고 팔던 곳이다. 그래서 싸전다리이다. 다리 입구에는 구이 방향으로 정미소 선술집 국밥집이 있었다. 다리를 건너면 남창당 방앗간이 있었는데, 이곳 박씨 방앗간 주인은 박생원이라 불렀고, 그 아들이 1969년 서울대학교 사범대학 교육학과를 졸업한 박종열(朴鍾烈, 현 경북사대 교육학과 교수 및 교육원장을 함)이고 딸은 서울 창덕여고를 졸업한 박순자朴順子로 자녀들이 모두 공부를 잘 하였다.

전주 옛 장날
일제강점기의 남문 곡물시장이다

옛 전주사람들의 모습

그리고 냇가 모래사장에서는 놀이패, 약장수, 재주꾼이 모여 팔도 장타령이며, 즉석 이야기꾼들의 각종 재주가 벌어졌다. 그리고 내를 타고 매곡교 방향으로 가면 옹기전이 크게 자리잡고 있었다.

옛날 이 고장 어느 집에 아버지가 없는 아이 모자가 살았는데, 아비가 없다고 늘 주위로부터 놀림을 받자, 이 아이는 아버지를 찾기로 결심하고 먼저 주위 사람들에게 아버지에 대한 단서를 묻자, 그 사람들 대답이 "전주 장에 가면 패랭이 쓴 사람이 네 애비니라." 하였다는 것이다.

이 말은 시장에는 사람이 많이 모일 것이고, 그 중에 네 아버지도 섞여 있는데 그 특징은 패랭이를 썼다는 뜻이지만, 이 말은 아이를 놀리려는 말인 것이다. 즉, 장날 시장의 모든 장꾼들은 천민을 제외하고는 패랭이나 갓을 썼기 때문이다.

전주교 싸전다리에서 공수내다리 지금 전주교대부속초교 방향은 구이 방면에서 나무꾼들이 와서 나무숯 등을 팔았다.

10. 전주신사全州神社와 유곽 이야기

1) 전주신사全州神社 이야기

전주신사는 처음 시작부터가 잘못된 것이었다. 위치가 천양정 자리이고, 신흥학교와 기전여학교가 함께 위치하고 있는 곳이어서 반일감정의 온상이 되는 터에다 자리를 잡았으니 될 리가 만무하다. 신흥기전의 교직원과 학생이 지금의 다가교 다리를 건너 오가며 늘 신사를 바라보며 항일정신을 길렀다. 그래서 전주에서는 제일 먼저 항일운동을 벌인 곳이 신흥과 기전이었다. 바로 옆이 신사인데 그곳을 참배하라 하니 누가 참배를 하겠는가. 그리하여 폐교를 당하면서까지 열심히 항일운동을 한 학교가 여기에서 나왔다. 그리고 다리 건너 다가동은 전주의 유곽이 들어서 있고, 전주천 냇가에는 버드나무가 한들거리고, 냇물에는 놀잇배가 유선을 하였다.

다가교와 전주신사(도리이 : 鳥居가 보인다)

도저히 맞지가 않는 상황이어서 그곳의 住職 칸누시神官는 애를 먹었을 것이다.

2) 유곽 이야기

유곽(遊廓)에 얽힌 이야기, 군산유곽의 시작과 전주유곽

전주에 유곽이 자리잡은 것은 일본인이 거주하기 시작하여 5~6년쯤 후로 1920년대 초라고 본다. 다른 대도시보다 인구나 도시 규모가 적고 일본인 거주자 수도 타 도시보다 적었기 때문이다. 전라북도에서는 군산이 먼저 발달하였다. 군산의 경우는 명산동과 월명동 사이에 유곽시장이 지금도 그 유래를 말해주고 있다.

유곽정 입구 모습

유곽현관 입구 모습

전주는 신사가 있었던 다가교 변의 다가동이 유곽지역인데, 지금의 중앙동 파출소 아래 신흥각이란 청요릿집이 있고, 화교 소학

교가 있는 사거리에서 관광호텔 부근을 조금 벗어나 전주국교, 구 전매청 방향으로 가는 길이다. 그러니까 다가동이라 보면 된다. 다가多佳정 즉, 아름다운 가인이 많다는 뜻이 무의미하지 않다. 일제시대에 다가정이란 동네 이름이 생겼기 때문이다. 유곽은 완벽한 일본식 건축물이다. 대체로 외관이나 내부는 지금도 더러 남아 있는 일본식 가옥 흔히 적산가옥이라 부르는 것과 크게 다르지 않다. 대부분 아니 전부가 2층 목조로 되어 있고, 아래층에 대모代母라 하는 그 시대 말로 오카미상(お女房さん)이 키세루(キセ-ル)라는 곰방 담뱃대를 물고 조그만 화로(히바치)에 불을 쪼이며, 다다미 위에 정좌(무릅꿇고 앉는 것)를하고 앉아서 쿠루와(廓, 유곽의 다른 말 표현)의 모든 일을 정리 감찰을 한다. 조합 본부는 겜방(券番, 또는 檢番)에서 총괄하고, 기녀의 배치, 출입, 세금을 징수하는데 거기에 기본적인 자료를 만드는 것이 오카미상으로 여주인이란 뜻이다. 손님이 오면 손님의 요비다시(호출)에 따르거나 그렇지 않으면 오카미상이 정하여 준다. 상대가 정하여지면 전표를 끊고 두 사람이 2층으로 올라가는 것이다.

쿠루와에는 여주인인 오카미상과 심부름하는 여자아이(코 무스메小娘라 부름, 우리나라로 말하면 옛날 기생집의 동기 즉, 화초기생이다.)가 큰 곳이면 두세 명, 보통 한 명은 다 있었다.

유곽 건물의 여러 가지 형태

현관에는 기녀의 얼굴 사진을 진열해 놓아 단골이 아니더라도 사진을 보고 기녀를 선택할 수 있게 되어 있다. 기녀는 갑甲, 을乙, 병丙의 내적인 등급 구분이 있었는데, 갑 정도는 샤미셍(三味線 일본악기)에 능하고, 일본무용이나, 나니와부시, 미야코부시 한 가락씩 하는 사람이며, 나머지는 그 다음 순서로 약간씩 내려가는 등급이다. 모두가 일본 정장의 화복(와후쿠, 和服), 우리나라에서 기모노라 통칭하는 옷을 입었다. 머리는 우리나라로 치면 가채머리를 둥그스름하게 올리고, 큰 비녀(칸자시라 함)와 적은 비녀 그리고 장식(카자리, 쿠시 등)을 하였다. 우리나라 족두리 구슬 같은 것을 그냥 머리에 매달아 머리를 움직이면 파르르 떨리게 장식하였다. 이 유곽에도 여러 수많은 에피소드들이 많다. 어떤 기녀는 남자(남편)가 있어 카요이 옷토라는 말도 있고, 어린아이 딸린 이도 있어 그 당시에도 생활상이 복잡함을 말해준다. 원래 유곽은 일본의 정인문화(町人文化, 즉 서민문화)가 발달한 에도시대(江戸時代)에 무사들을 위하여 생긴 것이다. 무사들은 신분이 높기 때문에 여자들을 마음대로 자유롭게 소유 할 수 있고, 여자가 크게 잘못하거나 하면 현장에서 목을 치기도 하였다. 그러나 그것은 옛날이야기이다. 우리나라에서도 고려, 조선시대에까지 그랬으니 마찬가지다. 그러나 명치 이후는 여성 신분이 높아져 우리나라 보다 먼저 여성의 사회참여가 시작되고 여성의 소리가 컸다.

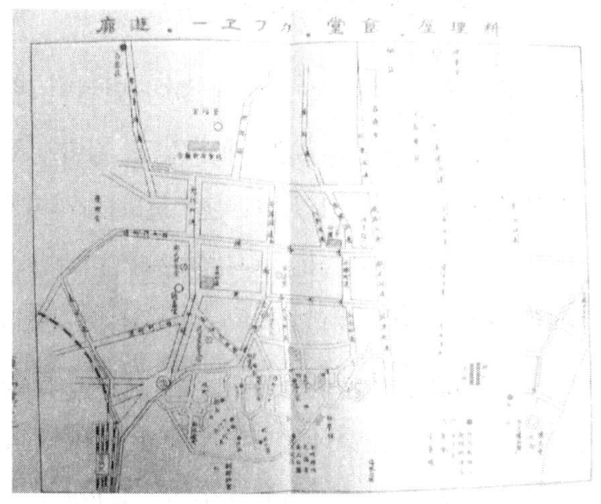

참고로 본 서울의 유곽 지도

또한 서로의 의기가 맞으면 다가천변 버드나무 아래를 거닐며 데이트도 하고, 경우에 따라 일생의 반려가 된 이도 있었다. 일본에는 지금도 그 유곽 흔적이 우리나라보다 훨씬 많이 남아 있는데 꼭, 그 동네의 길거리에는 버드나무가 있다. 즉 화류花柳라는 뜻이다. 기녀는 출입할 때 인력거를 이용하였다. 유곽의 화대 즉, 가격은 대체로 쌀 한가마 값은 되었다. 그러나 지금의 쌀 한가마로 생각하면 큰 오산이다. 보통 월급쟁이 한 달 월급이 쌀 다섯 말이고 고급 월급쟁이가 한 가마이니 보통 월급쟁이 두 달 봉급이라 생각하면 비싼 요금인 것이다. 따라서 서민들의 생활과는 거리가 멀다. 지금도 고급 룸살롱 주대가 보통 2, 3백만~1,000만 원이라 생각해보면 예나 지금이나 서민은 서민인 것이고, 상류는 따로 있는 것이다.

유곽거리의 풍경

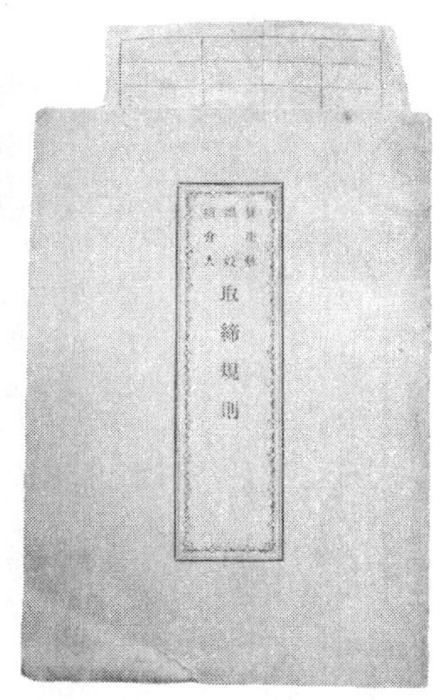

유곽 규칙

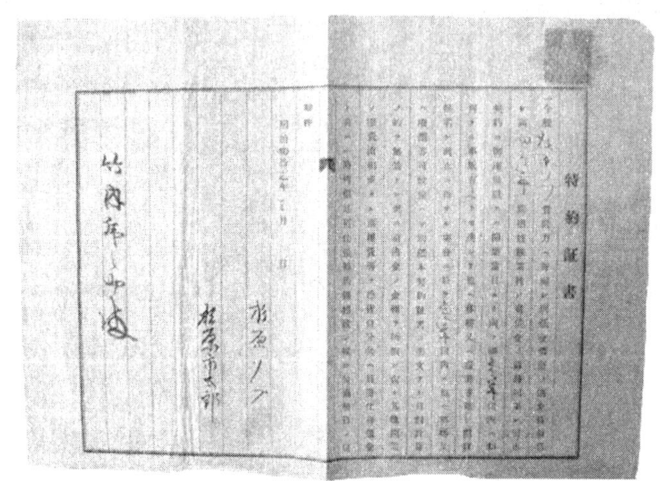

特約證書

유곽 기녀의 특약 증명

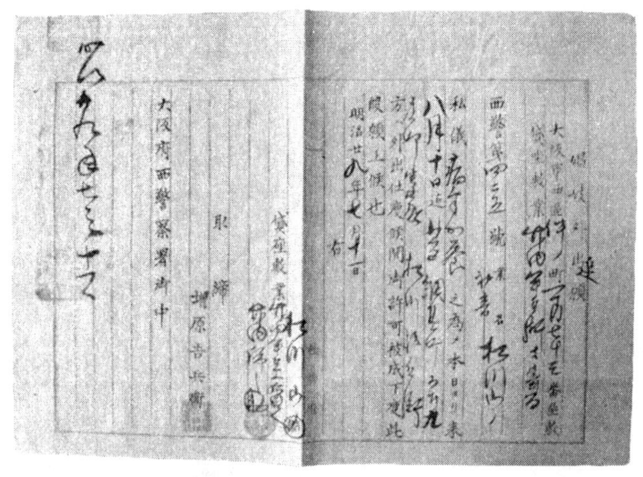

大阪府西警察署御中

유곽 기녀의 외출 증(일본의 것이지만 한국도 동일)

11. 깡패 이야기

1) 전주 깡패 이야기

(1) 도시 생활과 껄렁패

도시 즉, 시市라는 건 모일[都], 장[市], 온갖 사람이 모여 장을 이루면, 당연히 장사하는 사람과 물건을 사는 사람이 흥정을 하고 돈을 주고받는다. 그 어느 곳보다 물건과 돈이 많이 나돌고, 사람들의 움직임이 많고 때가 되면 밥을 먹어야 한다. 이와 같은 돈과 사람과 먹을거리가 있으니 거기에는 그냥 몸 하나로 어슬렁거리며 기대려는 인간도 생기기 마련이다. 처음에는 걸인과 같이 음식이나 얻어먹다가 하나둘 모여 10명 이상쯤 되면 패거리가 형성되고, 그런 패거리는 시장 규모에 따라 늘어간다. 그들이 시장 껄렝이 즉, 각정角丁이 패이다. 이와 같은 것은 옛날 조선시대부터 구한말 그리고 일제강점기 초기 이야기다.

오늘날에는 도시에 시장이 따로 있기는 하나, 전체 도시가 시장인 셈이다. 그리고 큰 영업장소는 여관이든 호텔이든 술집이든 시장과는 무관하다. 그러다 보니 시장 중심이 아닌 거리 중심, 혹은 큰 영업장 중심으로 OO호텔 나이트, 터미널, OO관 OO파 등으로 패거리가 만들어진다.

(2) 전주의 껄렁패

이 모두가 서민사회의 애환 속에서 생기기 시작한 것이지만, 나중에는 그 세력이 커져 큰 파워를 형성하면서 큰 사회문제로 대두된다. 전주에서도 전술한 바와 같이 전주천 다리 아래서 돌싸움을 하는데 초록바위패니, 군자정패니, 문박패니 하던 것처럼 모두 천민사회에서 생겨나, 시장바닥을 돌며, 깍정이(角丁, 건달이라는 뜻) 노릇을 하는데, 점차 세력이 형성되고, 어느 한곳에 일정한 아지트가 생기고, 후리고 다니는 구역이 길과 동네로 각 각, 패가 나뉘어 상인들에게 텃세를 내게 하고, 무전취식하는 데에서 비롯되었다. 지금은 규모가 커져 조직이라는 말을 사용하지만 처음에는 이렇게 시장바닥이 그 원조元祖가 되었으며, 지금도 시장바닥을 더듬는 하류 건달들도 있다. 매일같이 한곳에 모여 화투를 치기도 하며 입이나 때우는 사람이 있다.

일제강점기만 해도 대도시 즉, 서울, 부산, 대구, 인천 등지에는 조폭이 있었다. 우리가 잘 아는 김두한을 생각하면 알 수 있을 것이다. 그러나 전주에는 없었다. 그 당시에는 전주 시내가 노송동, 풍남동, 고사동, 중앙동, 태평동 정도이니 워낙 지역이 좁아 나쁜 짓 하다가는 뉘집 아들이란 것이 금방 밝혀지기 때문이다. 그러나 그 와중에도 누가 뭐라 하든 껄렁거리는 사람이 더러는 있었다. 처음 시작은 무조건 덩치가 크고 힘센 사람으로 시작되는데, 나이는 젊고 힘은 세야 하니까 별수없이 그 힘을 발휘하게 되는 것이 문제다. 상기한 바의 패거리 중 누가 힘이 세다 하면 또 누군가가 팔씨름이든 진짜 씨름이든 아니면 격투든 간에 도전을 한다. 이렇게 진전이 되어서 일제강점기 말기쯤에는 이런 풍토가 만연하여,

각 학교마다 청년학생들의 싸움 풍토가 일어났다.

전주고보를 다니던 진안에서 온 이 모 씨는 동완산동에 하숙하면서 일본 순사를 때린 경우도 있고, 전주천에서 날을 잡아 결투를 벌이기도 하였는데, 지금처럼 야비하지 않고, 정정당당한 힘겨루기여서 오늘날로 치면 격투기 스포츠였던 셈이다. 이런 풍토가 점점 야비하여 가면서 해방 후까지 이어지고, 지금은 조폭으로 조직체가 만들어져 있다. 그런데 묘한 것은 그 조직에 대한 것을 정보를 통하여 경찰이 구체적으로 파악하고 있으면서도, 이를 소탕하기는커녕, 사건이 터지지 않는 한은, 손도 대지 않는 것이 묘하다.

1930년대 당시의 모습[13)]

13) 사진과 실제 본문과는 관련 없음을 밝힙니다.

60년대까지만 해도 진안 사거리 수철이, 남부 배차장 만복이, 영기, 오거리 승완이파 등이 있었고, 각급학교에도 불량 서클이라 하는 무궁화, 루팡, 빤찌, 야쿠샤, 빠쿠샤, 피라밋, 청운, 백마, 물레방아, 땅개미, 야타 등이 있었다. 전 시대에는 의리를 중시하였기 때문에, 야비한 폭력을 행사하지는 않았다. 그러나 요즘의 폭력조직은 그 조직망이 전국조직으로 드러나면서 이상한 현상이 나타났다. "큰형님" "형님 오신다." 이런 말이 나오고 술집을 중심으로 텃세를 뜯다가 술집을 직접 경영하는 방식으로 변하였다. 그러다가 오락실, 음식점 등을 경영하며, 자본을 축적하여 건설업에 직접 뛰어든 경우가 생겨났다. 요즘의 경우, 관광호텔파, 코아 나이트파, 덕진파, 리베라파, 신역파, 아중리파, 중화산파 등이 있는데, 각 영업장 주인은 내막을 잘 알고 있을 것이다. 이를 테면 리베라호텔과 코아호텔 이창승 사장은 리베라 코아파를 잘 알 것이며, 전주관광호텔 한광수 사장은 관광호텔에 사는 주오택을 잘 알 것이다. 결국 이들은 공생 조직으로 서로를 도우며, 때로는 전직 경찰 간부 출신들을 월급쟁이 바지사장으로 앉혀 놓는다. 그런데 요즘의 경영주들은 이런 불법 조직체를 알면서 가만히 있는 것이다. 경찰에서도 조폭의 동태를 잘 알면서도 잡아들이기는커녕 그들을 잘 도와주고 있다. 그래서 경찰과 조폭이 공생하는 것인데, 오늘날의 상생의 길인지도 모를 일이다. 또 우리나라의 정치조직이 간단히 말하면 조폭조직이다. 상하의 관계가 선후배 식이고 패거리 즉, 파당을 형성하여 행동하는 모습이 폭력조직 방식으로 소위 폭력적

계선 참모조직으로 군대식 명령계통을 갖는다(line organazatio). 이것은 우리가 TV 등에서 국회 생중계를 통하여 우리 눈으로 목격한바 사실이다. 그들의 일상생활이 조폭과 같은 형식으로 되어 있어서, 서로가 으름장 놓는 행동을 곧잘 한다. 예전 5, 60년대 국회의원 중에서도 김두한을 위시하여 신도환, 이철승 씨 등이 있었던 바, 드라마화까지 되어 잘 아는 터이다. 근자에 이르러서는 전국 조직망이 택배회사, 상조회사, 크레디트 카드, 캐피탈 등을 직접 경영하는 경우가 있다.

현 상황으로는 전주의 조직은 전부터 유명한 진짜들은 모두 서울로 올라가서 범 호남파에 합류하였고, 전주에 남아 있는 것은 사실 찌꺼기 중 찌꺼기인데, 가끔 회칼 사건이 일어나는 것이 문제이다. 서울에서는 이런 회칼 장난은 하지 않기 때문이다.

(3) 대도시의 폭력조직과 행태

부산은 항구도시여서인지, 부산을 중심으로 일제강점기부터도 부두, 선창가 등을 중심으로한 조직이 많았지만, 부산의 경우 마약 제조 밀매, 그리고 밀수와 관련이 많다. 부산의 민락동 지역이 중심 거점으로 동남아시아 지역을 카바하는 마약제조 · 밀매의 최대 조직망을 둔 지역이다. 지금도 엄청난 조직이 있지만 사건이 터져야만이 문제삼을 뿐, 아예 포기 상태이다. 반면 부산의 경우 꼭 여자와 관련이 있는데, 전에 보도된 칠공주파 정도는 아주 미미한 것이다.

부산의 칠성파와 몇몇 파들이 일본 야쿠자와 의혈동맹을 맺고, 일본의 오야붕이 내리는 피의 술이란 사카즈키(술잔)를 마신다. 이레즈미(문신)를 하는 등의 경우도 있고, 가끔씩 일정한 곳을 점거하기도 하는데 예의 동태만 주시할 뿐, 별다른 대책은 없는 것 같다. 부산은 일본과 연관이 많아 그 영향을 많이 받은 것 같다.

(4) 일본 야쿠자

일본의 경우, 그 조직이 에도시대에 연원을 두고 내려왔다. 지방에서 먼저 세력을 구축하고 그들이 상경하여 그 연계조직을 형성한다. 야마구치 구미組는 야마구치 지방에서 형성되고, 규우슈우의 후쿠오카, 하카타, 이이츠카 히로시마, 오오사카 등지에서 시초에 많이 형성되었는데, 이러한 지역들은 유명한 일본 야쿠자 출신지이다. 하나와縞 구미組라든가 오오바야시大林 구미 등이 형성되어 동경에서 회사로 말하면 본사를 만들고 휘하 조직을 갖는다. 이들은 처음 세력 다툼을 할 때부터도 사전에 연락, 선전포고의 형식을 가졌었다. 요즘에는 우리나라가 본을 뜨듯이 회사 경영을 직접적으로 하는데, 건설업, 흥산(유흥 : 이 중에는 빠칭코, 극장, 부동산, 캬바레 : 캬바레는 우리나라 캬바레와 달라서 술집이다.) 업, 음식점 등이 주류를 이루지만, 꼭 정치자금을 대는 것이 특징이고, 경시청 즉 우리나라로 치면 경찰청에 운영자금을 대는 것도 특징이다. 이런 것들 혹시라도 우리나라가 본받을까 염려된다. 그리고 민간인에게 조금도 피해가 가지 않게 하고, 자기네들 세계에서만 나와바리의 세력 다툼을 한다. 얼마 전에는 어느 구미에서 로켓 포탄을 제조하여 상대방 오야붕의 저택(모기업 회장)에 발사한 것이 적중하지 않고 담 밑으로 떨어져 민간인 피해가 난 사건도 있었다. 물론 본의가 아닌 실수의 민간피해인 것이다.

일본 야쿠자 중에 가장 재미있는 것은 이 야쿠자 조직에서 추방당한 사람들끼리 모여서 정치적인 정당조직을 만들고 활동을 하고 있는데, 그 대표적인 경우가 극우 세력인 적군파 조직으로 옛 천황제 군국주의를 찬양하며, 이를 부활시키자는 세력 조직이다. 항상 반 트럭에 마이크를 설치하여 확성기로 옛 군가를 틀어대며 거리를 돌아다니는 모습이 자주 눈에 뜨인다.

(5) 두목의 세습제

우리나라 조폭도 해방 후라고 하여도 한 세대 이상 지났기 때문에 부자간 조직이 등장하였다. 군산의 백OO파는 아들을 조폭으로 아버지가 잘 키운 예이다. 그리고 우리가 잘 알다시피 매스컴에서 모든 드라마가 폭력이 거의 등장하지만, 이것을 나쁘게 묘사한 경우는 없었다. 대개는 폭력을 미화하여 젊은이들이 흉내를 내게 한다. 김두한 이후, 시라소니, 김영태, 김무옥, 작두, 쌍칼, 휘발유, 장도리, 집게, 임화수, 이정재 등이 미화된 것처럼 멋지게 한 방날리는 것이 젊음의 우상화가 된 것이다. 이는 마치 담배가 해롭다고 못 피우는 풍토를 만들면서도 드라마 속에서는 꼭 주인공들이 한 대 피우며 긴 한숨 내쉬는 장면을 우리는 멋지고 익숙한 모습으로 보았던 거와 같다. 그리고 어른들도 깡패를 크게 대접하는 투로 받드는 경우다. "그 사람이 누군지 알아." 주먹을 쥐어 보이며 "그 사람 이게 얼마나 센지 알아." "서울서 이걸로 한때 논 사람이여" "아 그 사람 주먹으로 크게 놀았지." "그때 누가 한방 맞았지."하면서 그 깡패 아는 것이 큰 영광이요, 대단한 자랑거리로 생각하며 힘주어 말하는 것이다. 그리고 또 하나는 선배, 후배 하는 이야기이다. "어 그놈, 우리 후배지 그냥 놔둬." "야 우리 선배다. 잘 모셔라." 이것이 문제다. 학교폭력이 연계가 되어 대학 졸업 후에도 직장 생활에까지 연계가 되며, 특히 학교 선생님 중에 밖에 나가면 깡패짓하며 선후배 찾는 이가 많다. 아마 모두 죽어야 없어질 것 같다.

여학생 깡패

예전에 없던 것 중에 여학생 깡패를 들 수가 있다. 예전에는 그저 순수하게 반지클럽, 민들레클럽 하면서 사진관에 가서 저희끼리 사진 박고, 반지 만들어 나눠가지며 만나는 것이 고작이었다. 그런데 요즘은 그렇지가 않다. 남학생들과 연합하고, 시내의 폭력조직과 연결하여 직접적으로 폭력을 행사한다. 행동 양태는 주로 여학생 금품갈취가 제일 많고, 말 안 듣는 아이나 거슬리는 아이에게 집단 폭력을 행사하는 것이다. 교육부, 교육청에서 항상 지도 독려하도록 하고, 당해 학교 교사들이 실제 지도에 임하지만 해결되지 않는다. 특히 지도교사 중에 깡패에 연계된 교사도 많이 있다. 그 증거가 바로 옛날보다 폭력이 더 심해지고, 어제보다 오늘이 더 무서워진 것이다. 진북고의 '입칼'이란 여학생은 입에 면도날을 가득 물고 있다가 상대방 얼굴에 훅-하고 불면 상대방 얼굴이 갈기갈기 찢어져 버리는 것이다. 담배 피우고 술 마시고 하는 정도는 정상으로 그들은 결국 졸업 전에 1, 2학년 다니다가 '배달 다방' '룸살롱' '여관바리'가 된다. 남자 조폭들처럼 문신을 하는데, 허벅지나, 엉덩이에 장미 한 송이를 그리는 것은 애교스러운 것이고 전신에 거미, 용, 호랑이 등의 문신을 한다. 그 값이 대체로 장미 한 송이 5~만 원, 전신은 500만 원~2,000만 원을 호가한다.

놀고먹는 중독성

대개 껄렁이 기질이란 중독성을 가지고 있다. 모이면 일정한 술집에 가서 술을 마시고, 밤새 화투(고스톱)를 치거나, 훌라(카드놀이)라는 걸 하며, 일정한 곳에 차 배달을 시키고, 일정한 음식점에를 간다. 이러한 행태가, 술, 마약, 약물, 거친 말씨 모두가 중독성을 가지고 있다. 엊그제 김길태의 여중생 폭행 살인 사건으로 어느 심리학자가 그와 면담을 하고 하는 말이 '심장이 없더라.'하였는데 그 얇은 지식으로 무얼 파악하겠는가. 범인은 심장도 있고, 이목구비도 수려하다. 수백 명이 팬 카페를 열고 그를 위로하지 않는가.

그렇다면 왜 그런 동정이 나오는가에 대하여는 그 심리학자 답변이 없다. 유영철 여자 전기톱 토막살인 사건, 강호순의 화성사건도 그 열렬한 지지 세력이 순수한 민간에서 왜 나올까를 생각해봐야 한다.

2) 호남파의 서울 집중

이곳 전북지역의 폭력조직을 보면 크게 다섯 개 그룹이 있다. 백학관파(54명), 월드컵파 · 그랜드파(45명), 배차장파 · 나이트파(35명)이다. 광역시 · 도별로 보면 다음과 같다. 경기도가 29개파 910명으로 가장 많았고, 서울 23개파 500명, 전북 15개파 488명, 광주 · 전남 15개파 477명 등의 순이었다.

부산은 24개파 349명, 대구는 12개파 318명, 인천은 13개파 281명, 울산은 6개파 200명, 강원은 23개파 315명, 그리고 충북은 10개파 246명, 충남은 25개파 380명, 경북은 10개파 349명, 경남은 14개파 318명, 제주는 3개파 138명이었다. 가장 조직원이 많은 조폭은 경기의 '청하위생파'(76명)이었고, 경기의 남문파(75명)와 역전파(70명) 순이었다. 충북의 화성파(69명), 대구 동성로파(68명)가 뒤를 이었고, 대구 향촌동파와 경기 북문파는 67명의 조직원을 거느리고 있었다. 조양은 씨와 김태촌 씨로 유명한 양은이파와 범서방파는 각 27명과 12명에 불과했다. 조폭은 주로 건설현장 이권개입, 폭력에 의한 토지 매매 계약서 강취, 자금난에 빠진 중소기업에 사채 대여 후 회사 등을 빼앗는 M&A(기업인수 합병)전문 폭력배, 대기업 용역 수주까지 업종을 가리지 않고 문어발식으로 다양화하는 양상까지 보이고 있다. 그리고 "조직 폭력배가 급증하고 있는 현실은 이들이 그만큼 사회 여러 부문에 조직 폭력 행사와 함께 신규 수요의 요구에 따라 활발한 확장 활동을 전개하고 있다는 것을 반증하는 만큼 철저한 감시, 관리와 함께 이들의 불법행위를 단호히 처벌하는 조폭과의 전쟁이 시급한 실정"이라고 말했다[14]. 바로 이 부분이 문제다. 이정도만 가지고도 커다란 사회적 혼란을 가져왔음으로 처벌이 충분하다. 아니 그 이전 폭력은 "폭력단체 조직" 만으로 불법이다. 경찰은 양어장을 관리하면서 사료를 주고 성어가 되면 장사를 한다. 우리나라 현대 조폭사에서 빼 놓을 수없는 것이 있다. 수년전 그 유명한 사건을 일으킨 사보이 호텔 사건의 양은이파이다. 서울은 양은이파와 서방파의 김태촌이 함께 힘을 합하여 범 호남파의 계통을 합류시켰다. 원 오비(ob)파도 광주대호파 출신이라서 이 3대 패밀리가 광주 연고라는 점 때문에 전라도깡패라는 말이 나왔다. 요즘의 행태는 현대적으로 조직을 결성하여 신사적 행동을 한다. 과거와 같이 업소 이권이나 따내고, 집단난투극 벌이는 행위는 하지 않는다. 조용하게 유령사장(전직 경찰 간부 출신) 내세워서 건설회사의 청부깡패, 건설조폭, 혹은 용역깡패를 만들거나 대부분의 경우 제2금융회사 즉, 현대 크레디트 같은 전국 규모의 캐피탈과, 대우 사채, 번개 사채

14) 한국일보 2007년 10월 9일자 참조

등의 사채깡패를 만들기도 하며, 무궁화 4개급의 호텔을 사들여서 운영하기도 한다(서울의 경남호텔 등). 그리고 투자회사(리-스)를 만들어서 벤처회사, 또는 중소기업으로 이곳저곳에 기업형 확장을 하는 방식이다. 거의 대부분 사업이 이렇게 양성화되고, 그 조직도 작게 세분화되어 서울의 경우는 파악조차 되지 않고 있다. 조직이라야 조직원 10여 명 내외인 것이 태반이다. 다만 그 영향력은 옛날보다 적다고 볼 수는 없다. 번듯하게 명함 내밀고 정관계나 검찰 쪽에 큰돈을 뿌리기도 하니까, 이미 일본식으로 공생화된 셈이다. 외형상으로 정상적인 생활을 하기 때문에 전혀 구별을 할 수가 없다. 그러나 냄새를 풍기는 것이 특징이다. 아직까지는 몸통을 불려 천천히 걸으면서, 검은 양복을 입고, 식당에서 회식을 할 경우 단체로 밥을 먹기 때문에 표가 난다. 똑같은 모양의 사람이 10명 이상 식사를 하며 "형님"을 찾는 것이 특징이다. "큰형님"은 요즘엔 꼭 "에쿠스"를 탄다. 그리고 그 형님이 차 안에 들어가면 합동으로 "안녕히 가십시오."를 외치니 표가 난다. 이들은 정상인과 외형이 다른 것은 아니다. 이들은 조폭계보에 이름이 오른 순간 어떠한 사건으로 인해 잡히든(대체로 폭력행위 등 처벌에 관한 법률에서 조폭에 관한 항목으로 규정해 놓은 부분이 많아서 이 부분을 적용한다.) 예전처럼 범죄단체 조직 자체를 죄로 묻기엔 너무 점 조직화되어 있고 또 양성적이라서 찾아내기가 어렵다. 오히려 보통 시민들이 식당이나 거리에서 잘 목격할 수는 있지만, 일반 시민이 취체할 수는 없는 노릇이다. 단지 범죄 사실이 드러났을 때에, 항상 가중처벌을 받게 된다. 그리고 교도소 안에서나 출소할 때에 언제나 동향을 파악하고 감시하는데, 조폭들도 기업화되고 조직이 비대하여 이권이 큼으로 유리한 변호사를 채택하고, 사법도 거래상 홍정을 하여 분기마다 똘마니들을 잘라서 넣어준다. 분기별 혹은 명절에 떡값을 돌리고 환상적인 접대를 하는데 이른바 성상납이 등장한다. 그렇기 때문에 두목 급에서 잡히는 경우는 일반적으로는 없고 특수상황 즉, 단체 폭력으로 많은 사상자를 내거나, 사회 한쪽이 허물어진 문제가 있어야 잡아들인다. 일반적으로는 단속조차 안한다. 검찰이 단속할 의지도 없고 시간도 없다. 그래서 조폭계보에 이름이 오를 정도이면 일선 서의 형사 급에서는 범접할 수도 없다. 지금까지 중 가장 큰 것을 들면, 부산의 칠성파로 대표되는 전통적 전국구 조직이 있다. 전라도 전국구 조폭이 서울을 아직도 장악하고 있는데 반하여 부산을 고수하는 집단이다. 이들도 외적으로 보편화되어서 조폭계보에 등재되어도 규모는 크지 않다. 실제 규모는 크다 하더라도 조폭으로 분류되는 핵심구성원은 극소수로 되어 있다. 그리고 실제 일반인들이 알 수 있는 정도의 사건은 잘 일으키지 않는다. 아니 그런 생각은 아예 하질 않는다. 깨끗한 이미지를 가지고 있어야 활동하기가 편하기 때문이다. 그리고 매스컴에도 보도되지 않는 것이 특징이다. 전처럼 회칼 집단난투 등은 옛날 소수의 이야기이고, 상당한 정도의 무기(화기)를 확보하고 있는 경우가 많다. 부산의 칠성파가 현재까지 건재하고 있는 것은 이런 신사행각을 한 탓이다. 서울의 양은이

조양은, 김태촌 이동재 등과 매우 다른 점을 가지고 있다. 칠성파 이○환은 현역으로 뛰는데다가, 그는 옛날부터 소소한 업소 이권 등엔 별로 관심이 없고 '마약'의 돈맛을 알아서 일본의 야쿠자 조직과 연계하여(1988년 일본 3대 조직 중 하나인 스미요시카이住吉會의 중견간부와 의형제를 맺었다.) 마약밀매를 국제적으로 하기 때문에 한일 마피아 조직이다. 이들은 조직 상부가 매스컴에 다 폭로되어 조직이 와해된 예전 호남계 3대 조직과는 다르게 교도소는 자주 들락거려도 아직 건재하고, 전통적인 방식(피라미드 계보, 직접적 폭력)으로 조직을 운영하기 때문에 부둣가 등에서 은밀한 국지전局地戰적인 전쟁이 벌어지기도 한다.

더구나 이들은 지역의 실업계고등학교나 저급 고등학교에서부터 소위 주먹(학교폭력)이란 것을 키워 콩나물 기르듯이 기초교육을 하고 있다. 학교 때부터 이들을 영웅시하는 풍조를 만드는 것이다. 아래쪽으로는 이렇게 깊숙하게 침투되어 있다. 이 수많은 미성년자 하부조직들이 일진회 등이다. 이 아이들이 성인이 되면 좋은 아이는 골라 조직에 쓰고 하급은 총알받이로 거느린다. 이렇게 부산의 칠성파와 비슷한 조직이 전국 대도시에는 각각 서울에 비교할 수 없는 정도로 재래식 기반의 조직들이 아직까지 존재하고 있다. 과거처럼 행동하지 않기 때문에 일반인들은 잘 알 수가 없으며, 또 일반인들과는 아무런 관련이 없다. 적어도 술집 종업원이나 동네 사채, 유흥주점에서 일하는 정도는 조폭이라 할 수도 없다. 90년대 노태우 대통령 시절에 범죄와의 전쟁으로 수백 개가 넘던

조직들이 상당히 와해되었다고 하여도 끈질기게 살아남은 이들이 있다. 이들이 전국적으로 번져나갔다. 대표적인 부산 칠성파, 대구 동성로파, 수원 남문파인데, 이들의 조폭계보에 등재된 조직원 수가 100명에 근접하는 숫자이다. 위에 말한 것처럼 어중간한 경우는 계보에 오르지도 못하며, 결국 어느 정도 조폭계보에 오를 정도라면 일종의 중간보스 부두목 간부급이라는 말이 된다.

광주 호남 쪽의 조폭이 아직도 서울을 장악하는 건 사실이지만 이들은 다 잘게 세분화되어 양성적 사업 형태로 전환해서 조폭이라 부를 수가 없다. 이제 조폭들의 조직 기세가 드러난 것들을 열거해 보면, 거의가 이와 같이 부산, 대구, 수원에서 활동을 하고 있다. 앞서 말한 3개의 전국구 조직 외에도 부산과 대구에는 조폭계보에 조직원 30~40명 급의 조폭들이 상당수 있다. 대구의 향촌동파와 부산의 신20c파는 유명하지만 그에 미치지 못하는 소규모의 집단이 수십 개조가 공존하고 있다. 사흘을 멀다하고 일어나는 조폭 관련 이야기는 현재도 건재하고 있다. 마침 필자가 이 글을 집필 중인 오늘 자(2009. 11. 17) 일간지 사이드 톱기사가 뉴스로 등장하였기에 다음과 같이 밝혀본다. "檢 수사관들 억대 '룸살롱 향응' 물의"란 제하에 다음과 같은 보도 내용이 나왔다. (서울 = 연합뉴스 차대운 기자) 검찰 수사관들이 서울 강남의 룸살롱에서 억대의 향응을 받은 것으로 드러나 공분을 사고 있다.

17일 검찰 등에 따르면 강남의 한 유흥주점 사장은 최근 대검에 서울중앙지검 S수사관과 서울고검 K수사관 두 사람이 자기 가게에

와서 수십 차례에 걸쳐 억대의 공짜 술을 먹고 성 접대까지 받았다는 내용의 진정서를 제출했다. 6～7급인 수사관들은 문제의 시기 모두 술집이 있는 지역을 관할하는 서울중앙지검 소속이었다.

술집 사장은 진정서에서 S씨 등이 김태촌, 조양은이 가까운 선배라며 조직폭력배를 자칭하는 사업가 P씨를 따라 2007년부터 드나들기 시작해 이후 수시로 찾아와 공짜 술을 마셨으며 소위 '2차'라고 불리는 성 접대를 받기도 했다고 주장했다.

수사관들은 검찰 동료들을 포함해 지인들을 데리고 60여 차례 술집에 드나들었는데 이들이 먹은 술값만 1억 4천만 원에 달한다고 진정인은 주장했다.

대검 감찰부는 S씨 등 수사관들과 진정인을 조사한 결과 억대의 공짜 술을 먹었다는 의혹은 대부분 사실로 확인했지만 성 접대를 받았다는 부분까지는 확인하지 못했다.

대검 관계자는 "진정 내용 외에 추가로 비위 사실이 있는지 확인해 본 뒤 징계위에 회부할 계획"이라며 "아직까지 직무 연관성은 드러나지 않아 뇌물이나 알선수재로 형사처벌하기는 어려운 것으로 보인다."고 말했다.

"대검은 징계위 회부에 앞서 6～7급인 이들을 서울고검 산하 8～9급 보직으로 옮기게 하는 강등 성격의 인사 조치를 단행했다.

하지만 범죄 혐의로 입건돼 형사처벌을 받지 않는다면 S씨 등은 파면 · 해임 · 정직 · 감봉 등 검찰 자체 징계만 받으면 사실상 법적으로 면죄부를 받게 된다.

한편 서울북부지검 6급 직원 최 모(48) 씨가 지난 16일 구속된 피의자를 석방해주겠다며 1억 1천만 원을 받은 혐의(변호사법 위반)로 구속되는 등 검찰 수사관들의 비리가 최근 잇따라 적발되고 있다”.(연합뉴스) 2009-11-17 18:19

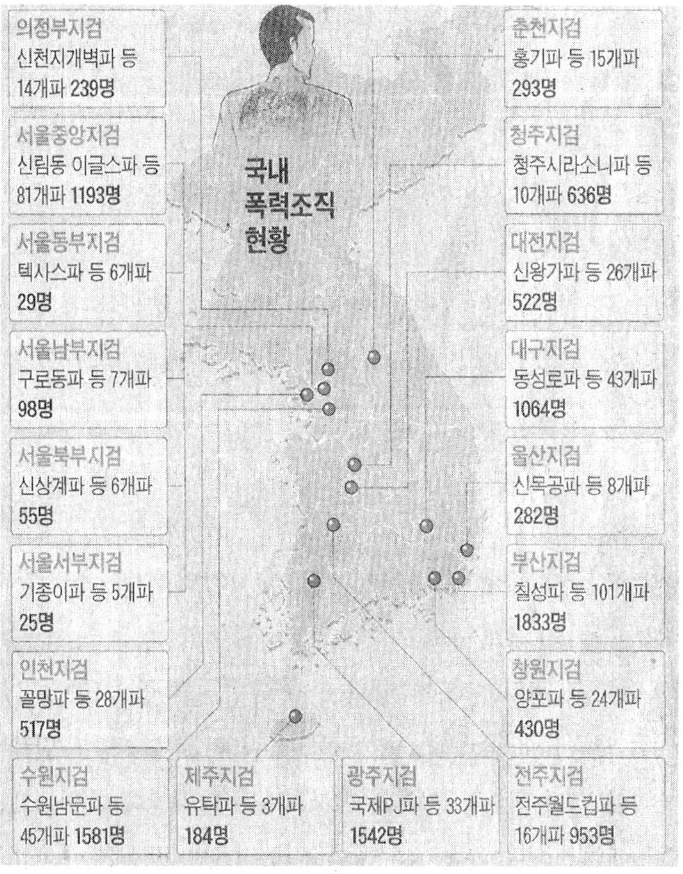

이상과 같이 오늘에 있어서도 이와 같은 조폭과 건실한 대한민

국 사법 검경은 잘 연계되어 있다. 따라서 나라가 없어지거나, 국민이 없어지지 않는 한 그 존재는 영원성을 가지고 있을 뿐 아니라, 갈수록 규모가 정밀, 확대, 미세조직으로 발전하여 갈 것이다. 이 사건도 결국 피라미 하나 건네주면 그걸 가지고 검찰에서 송치할 것이다.

검은돈의 거래 규모는 마치 정치인들의 행각과 비슷하다. 그 언젠가 보도된 것처럼 와이셔츠 상자에 검은돈을 넣어 전달하던 방식은, 사과상자로 발전하였고, 그 다음이 트럭으로 운반하였으며, 앞으로는 고속화시대를 맞아 KTX 식, 혹은 항공화물로 전달되는 초스피드식이 이어질 것이다. 또 엊그제('09. 3. 11.) 보도에도 강남 유흥업소와 경찰의 유착관계로 조사 중이라 한다. 우리나라 사람 중층 이하는 겨우 빈곤을 벗어나 자리 잡으면서 "형은 개척교회 목사로 고생을 하고 있고, 둘째는 회사에 다니고 셋째가 그래도 제일 튼실하더니 강남에서 돌아다니다가 룸살롱 하나 어떻게 차렸는데, 넷째가 경찰직에 합격하여 관할 경찰서 근무이다. 막내딸 하나가 그래도 착실히 공부하여 간호대학 나와 대학병원에 근무하고 있다."는 것이 우리네 살림이다. 그냥 한두 달 지나가면 잊어버렸다가, 또 새로운 사건 보도하면 되는 것 같다.

후기

언젠가 전주의 이야기를 한 번 내 나름대로 엮어보리라 마음먹었던 것이, 차일피일 미루다가 그만 선반 위에 올려버릴 뻔한 것을 용기를 내어 정리하여 보았다. 그러나 마음과 같이 용이하지 않았던 까닭은 이야기 내용이 현재가 아닌, 그것도 내가 태어나지도 않은 시대 이야기를 마치, 당대의 주인공인 양 살피다 보니 어색한 부분이 많았다. 기회가 있는 대로 수정 · 보완하기로 하고 우선 상재키로 한 것이다. 강호 제현의 많은 지적과 수정 지도를 기대하는 바이다.

2010년 포근한 봄날에 片月.

소동호 지음

꿈꾸는 강江

인　　쇄 ▪ 2010년 4월 25일
발　　행 ▪ 2010년 4월 30일

저　　자 ▪ 소 동 호
발 행 인 ▪ 서 정 환
발 행 처 ▪ 좋은수필사

출판등록 ▪ 1984년 8월 17일 제28호
주　　소 ▪ 서울시 종로구 익선동 30-6
운현신화타워 빌딩 3층 305호
전　　화 ▪ (02)3675-5635, (063)275-4000
이 메 일 ▪ sina321@hanmail.net

값10,000원

ISBN 978-89-5925-689-1 03810